KB190683

이해하기 쉽게

풀어쓴

마태복음

이해하기 쉽게 풀어쓴 마태복음

글쓴이 전지덕후

마태복음을 쉽게 풀어서 썼습니다
이 한 권을 읽는 것만으로도
신약의 기본이 잡힙니다
성경을 처음 접하시는 어르신들도
이해할 수 있습니다

새삶 전도협회

이해하기 쉽게
풀어쓴 마태복음

글 쓴 이 ㅣ 전지덕후
1쇄 발행 ㅣ 2014년 9월 25일
펴 낸 이 ㅣ 강효민
펴 낸 곳 ㅣ 새삶전도협회
주   소 ㅣ 서울시 광진구 능동로 314
전   화 ㅣ 02-458-0691
팩   스 ㅣ 02-453-9020
홈페이지 ㅣ www.nleva.org
출판등록 ㅣ 제 25100-2007-26호

▌I S B N ㅣ 978-89-6961-007-2 03230
▌정   가 ㅣ 10,000원

머 리 말

안녕하세요?

제가 이 책을 쓰게 된 이유는 병실에 계시는 저희 아버지를 위해서였습니다. 물론 아주 오래전부터 성경을 처음 접하시는 분들이 쉽게 이해할 수 있도록 풀어쓴 마태복음을 쓰려던 마음은 갖고 있었습니다만 마음에만 있던 것을 아버지가 계기가 되어 이렇게 행동으로 옮기게 되었습니다. 저의 아버지는 아직은 안 믿는 분이시거든요. 그런데 교통사고로 몇 달을 꼼짝없이 병원에 계셔야 하는 일이 생겼습니다. 아버지께 어떻게 성경을 가르쳐 드릴까 고민하다가 아버지가 이해하기 쉽도록 마태복음을 풀어서 적어드렸습니다. 그랬더니 뜻밖에도 아버지의 뜨거운(?) 호응이 있었습니다. 제가 적는 속도를 못 따라갈 만큼 매우 빠른 속도로 하루에 많은 양을 읽으셔서 깜짝 놀랐습니다. 제 눈에서는 거부할 수 없는 감격의 눈물이 왈칵 쏟아졌습니다. 그래서 이것을 아버지께만 드릴 것이 아니라 몇 권 더 만들어서 병실에 계신 분들에게도 나눠 드렸더니 같은 반응(?)이 나타났습니다.

이 마태복음은 제목에서 알 수 있듯이 성경을 처음 접하는 분들이나 혹은 성경을 더 자세히 알고 싶은 분들을 위하여 '이해하기 쉽도록 풀어쓴 마태복음'입니다. 성경을 처음 접하게 되면 그 당시 시대와 문화가 다르고, 한글로 해석되었다 해도 표현이 고어체로 되어 있어 전혀 모르거나 어떤 부분은 알지라도 생소하게 느껴

지는 부분이 많을 것입니다. 따라서 가르치는 교사 없이 혼자 읽어도 성경에 대하여 알아갈 수 있도록 마태복음을 풀어서 이해하기 쉽도록 썼습니다.

읽으시다가 성경이 더 궁금하시거나 다른 것이 궁금하셔도 또는 성경아닌 다른 것이 궁금하셔도 질문하시기 바랍니다. 예를 들어 "맛있는 것을 사드리고 싶은데 어떤 음식을 좋아하시나요?" 등등 무엇이든지 물어봐주세요. ㅅㅅ

참고로 제가 섬기는 교회는 '책읽어주는교회'입니다. 교회 이름이 전 세계 어디에도 없는 딱 하나 있는 이름입니다. 저희 '책읽어주는교회'가 하는 일 중에는 인터넷방송을 통하여 성경책을 읽어주는 방송 일도 있습니다. 읽어주는 것을 직접 들어보고 싶으신 분들은 인터넷에 카페가 개설되어 있으니 그 곳에서 실시간 라이브로 들어보실 수 있으십니다. 녹음 된 오디오성경이 아니라 정해진 시간에 라이브로 카페에서 질문도 하고 답도 하면서 들으실 수 있으십니다. 또한 주일예배 설교를 들어보고 싶으신 분들이 계시다면 유튜브에 올려져 있으니 유튜브에 '책읽어주는교회'로 검색하시면 잘생긴 저의 얼굴이 나옵니다!!

전지덕후 목사

참여하실 카페주소 : www.readingchurch.co.kr
옛주소 : 서울특별시 송파구 송파동 103-1
도로명주소 : 서울특별시 송파구 송파동 가락로 170
전화번호 : 02-424-9179

이해하기 쉽게

풀어쓴

마태복음

1장

1 아브라함과 다윗의 자손 예수 그리스도의 족보라

예수 그리스도의 족보에서 아브라함이 먼저 나오고 다윗이 이어 나오니 이는 아브라함은 이스라엘의 시조이기 때문이요 다윗은 왕의 시조가 되어 그 혈통이 예수 그리스도까지 끊이지 않고 이어져 왔기 때문이라. 이에 예수 그리스도는 아브라함의 후손이자 다윗왕의 후손이기에 예수의 족보를 말할 때는 아브라함과 다윗의 자손이라 하더라

아브라함이 이스라엘의 조상이 된 것은 이러하니 하나님께서 아브라함에게 나타나시사 내가 너로부터 시작해서 큰 민족 이스라엘을 이루겠다 하셨고 아브라함으로부터 그 후손들이 점점 대가족을 이루더니 마침내 그 대가족이 오늘날의 이스라엘 민족으로 자라게 되었더라. 이러므로 오늘의 이스라엘은 아브라함으로부터 시작되었기에 이스라엘 사람들은 모두 아브라함의 친 혈통 친 후손이더라 예수도 아브라함의 후손이요, 다윗의 후손인 요셉에게서 나시매 아브라함과 다윗의 자손이라 하더라

다윗이 왕의 조상이 된 것은 이러하니 하나님께서 이르시기를 내 마음에 기뻐하는 자요 내 마음에 합한 자라 하시고 그를 이스라엘의 왕으로 세우시더니 다윗과 약속하여 이르시기를 왕의 혈통이 끊이지 아니하고 너의 혈통을 타고 위대

한 왕이 나겠고 그 자리는 영원히 빼앗기지 아니하리라 하시더니 이 다윗 왕의 혈통을 타고 예수가 태어났기에 예수 그리스도를 다윗의 자손이라 부르더라. 이에 아브라함으로부터 시작하여 다윗 왕을 지나 예수 그리스도까지 이어졌으니 다음과 같더라

2 아브라함이 이삭을 낳고 이삭은 야곱을 낳고 야곱은 유다와 그의 형제들을 낳았더라. 하나님이 야곱에게 나타나시사 야곱의 이름을 이스라엘이라 고치셨더라. 그리하여 이스라엘은 야곱의 새 이름이 되었고 이 사람의 새 이름이 오늘날 이스라엘 나라 이름이 되었더라. 야곱은 열두 아들을 낳았는데 열두 아들의 열두 이름이 오늘 날 이스라엘의 열두 성씨가 되며 각각 열두 지파의 조상이 되었더라

3 야곱이 유다와 그의 형제들을 낳고 유다는 다말에게서 베레스와 세라를 낳았더라. '누구에게서'라고 할 때마다 적잖은 일이 있었더라. 다말은 유다의 며느리였더라. 이렇게 된 것은 다말의 남편이 아들 없이 죽었기에 풍습을 따라서 동생이 형수를 물려받았는데 동생이 생각하기를 아이를 낳아도 내 아이가 되지 못하니 무슨 소용이 있으리요 하며 다말과 동침은 하였으되 자신의 씨를 주지 않고 땅에 설정하매 하나님이 그 죄를 크게 여겨 동생을 죽이셨더라. 아직 막내는 어렸으므로 다말을 친정에 가 있도록 하였는데 막내가 장성한 어느 날 유다가 다말의 친정 근처에 양털을 깎으러 갔을

때 다말이 변장하여 자신을 숨기고 유다를 속여 하룻밤 동침을 하였더라. 다말이 동침할 때에 유다의 지팡이와 허리띠와 도장을 요구하였더니 유다가 지팡이와 허리띠와 도장을 주고 동침하였더라. 다말이 이로 말미암아 임신하게 되니 후에 임신한 사실이 유다에게도 알려지매 유다는 며느리가 간음했다 생각한고로 분노하여 다말을 불태워 죽이라 하더라 이때 다말이 이 물건 임자로 말미암아 임신하였나이다 외치니 그 물건들은 유다의 것이었더라. 다말이 이런 일을 함은 막내가 장성하였어도 자기를 부르지 아니한 까닭에 이와 같이 지혜롭게 행하여 임신하였음이니 유다가 이르되 "다말이 나보다 옳도다 막내가 장성하였어도 부르지 아니하니 이와 같이 하였도다" 하고 더 이상 다말을 가까이 아니하였더라. 후일에 이 일은 유명하게 되어 이스라엘 여인들이 지혜롭고 용기 있는 다말을 칭송하게 되었더라. 이에 유다는 다말에게서 베레스와 세라를 낳고, 베레스는 헤스론을 낳고, 헤스론은 람을 낳고

4 람은 아미나답을 낳고, 아미나답은 나손을 낳고, 나손은 살몬을 낳고

5 살몬은 라합에게서 보아스를 낳았더라

'라합에게서'라 하였으므로 이도 일이 있었으니 라합은 이스라엘 여자가 아닌 이방 나라 여자요 그녀의 삶은 기생임에도 예수 그리스도의 족보에 이름이 소개되었더라. 라합은

이스라엘이 아직 땅을 얻지 못했을 때 하나님이 장차 주리라 하신 그 약속의 땅으로 정탐꾼을 보낼 때에 그 가나안 지방 병사들에게 드러나게 되어 위급한 순간에 라합 집으로 숨었더니 라합이 이스라엘 병사인줄 알고 크신 하나님의 백성이라 하여 보호하며 지혜롭게 숨겨주었더라. 라합은 하나님에 대한 소문을 듣고 그 하나님을 크시고 두려우신 하나님으로 생각하여 믿게 되었으므로 이스라엘 사람들을 도와주었더라. 그 후에 이스라엘이 그 약속의 땅을 차지할 때 라합 집 사람들만 생명을 얻었더라. 후에 살몬은 라합을 맞이하게 되었고 이 라합에게서 보아스를 낳고 보아스는 룻에게서 오벳을 낳았더라

'룻에게서'가 또 나오니 사연이 있더라. 룻도 이방 여자였으나 이스라엘 민족에게 시집을 왔다가 시아버지와 남편이 죽고 시어머니와 남게 되었을 때에 시어머니가 나에겐 더 이상 희망이 없으니 너의 민족 너의 고향으로 돌아가서 새 출발하라 하였을 때 극한 가난에도 불구하고 자기 민족 자기 고향으로 돌아가지 아니하고 시어머니에게 이르되 "내게 어머니를 떠나며 어머니를 따르지 말고 돌아가라 강권하지 마옵소서 어머니께서 가시는 곳에 나도 가고 어머니께서 머무시는 곳에서 나도 머물겠나이다 어머니의 백성이 나의 백성이 되고 어머니의 하나님이 나의 하나님이 되시리니 어머니께서 죽으시는 곳에서 나도 죽어 거기 묻힐 것이라 만일

내가 죽는 일 외에 어머니를 떠나면 여호와께서 내게 벌을 내리시고 더 내리시기를 원하나이다" 하고 하나님과 이스라엘을 택하여 시어머니를 섬기므로 그 모습에 감격한 보아스가 룻을 맞이하였더라. 이로서 보아스는 룻에게서 오벳을 낳고, 오벳은 이새를 낳고

6 이새는 다윗 왕을 낳으니라. 다윗왕은 우리야의 아내에게서 솔로몬을 낳았더라

'우리야의 아내에게서'라 함은 다윗이 궁궐 옥상에서 거닐다가 우연히 목욕하는 여인을 보니 심히 아름다워 보이는지라 그 여인이 몸을 정결케 하였으므로 불러 동침하였더라. 이후에 여인이 임신한 사실을 왕에게 알리매 다윗 왕이 곤란하게 되어 그 여인의 남편 우리야를 위험한 전쟁의 선두에 서게 하여 죽게 하였더라. 이와 같이 다윗이 사람들의 눈을 속여 우리야를 죽인 후 그 아내를 미망인으로 만들어 자기 아내를 삼으니 이는 하나님 보시기에 큰 죄악이었더라. 그러므로 하나님께서 이 여인이 낳은 첫째 아들의 생명을 거두어 가시니 둘째 아들 솔로몬이 그 왕위를 이었더라

7 솔로몬은 르호보암을 낳고 르호보암이 왕이 된 때에 이스라엘 나라가 남과 북으로 둘로 나뉘어졌더라. 르호보암은 아비야를 낳고, 아비야는 아사를 낳고

8 아사는 여호사밧을 낳고, 여호사밧은 요람을 낳고, 요람은 웃시야를 낳고

9 웃시야는 요담을 낳고, 요담은 아하스를 낳고, 아하스는 히스기야를 낳았더라. 이 히스기야 왕은 병들어 죽게 되었을 때 벽을 보고 앉아 하나님께 기도하므로 하나님께 십오 년을 더 살도록 선물 받은 유명한 왕이었더라

10 히스기야는 므낫세를 낳고, 므낫세는 아몬을 낳고, 아몬은 요시야를 낳고

11 이스라엘 나라가 망하게 되어 바벨론으로 사로잡혀 갈 때에 요시야는 여고냐와 그의 형제들을 낳으니라

12 이제 나라를 잃어 바벨론으로 포로로 사로잡혀 간 후에 여고냐는 스알디엘을 낳고 스알디엘은 스룹바벨을 낳으니 이들부터는 왕으로 부르지 아니하였으나 그 혈통은 끊이지 않고 이어졌더라

13 스룹바벨은 아비훗을 낳고, 아비훗은 엘리아김을 낳고, 엘리아김은 아소르를 낳고

14 아소르는 사독을 낳고, 사독은 아킴를 낳고, 아킴은 엘리웃을 낳고,

15 엘리웃은 엘르아살을 낳고, 엘르아살은 맛단을 낳고, 맛단은 야곱을 낳고,

16 야곱은 마리아의 남편 요셉을 낳았으니 이 때는 왕의 혈통으로만 족보에 있을 뿐이요 요셉은 목수로서 동네에서 평범하게 어울려 살게 되었더라. 이 요셉의 아내 마리아에게서 그리스도라 부르는 예수가 태어나시니라. 그리스도는 기

름 부음 받은 자라는 뜻으로 예전에는 왕을 삼을 때 머리에 기름을 부었더라. 그러므로 그리스도는 온 세상의 왕이라는 신분을 말함이더라

17 그런즉 모든 대 수가 아브라함부터 다윗까지 열네 대였고, 다윗부터 나라가 망하여 바벨론 포로로 사로잡혀갈 때까지 열네 대였고, 바벨론으로 사로잡혀간 후부터 그리스도가 태어날 때까지 열네 대더라

18 예수 그리스도가 태어나심은 이러하니라

예수의 어머니 마리아가 요셉과 약혼은 했지만 아직 동거하기 전이었음에도 잉태 된 것이 남편 될 요셉에게 드러나게 되었더라. 그러나 이것은 주의 사자 가브리엘이 마리아를 찾아와 성령 하나님의 계획을 마리아에게 알려주었고 마리아는 하나님의 계획에 아멘하여 순종하였으매 마리아는 처녀로서 예수를 임신하게 된 것이더라

19 마리아의 남편 될 사람 요셉은 이 사실을 몰랐으므로 약혼녀 마리아가 부정을 행하여 임신된 것으로 알고 매우 고민하게 되었더라. 그러나 요셉은 의로운 사람이라 이 사건을 드러내지 아니하고 가만히 정리하고자 하여

20 이 일을 어떻게 정리하면 좋을까 생각할 때에 주의 천사가 꿈에 나타나 이르되 다윗의 자손 요셉아 네 아내 마리아 데려오기를 무서워하지 말라 마리아에게 잉태된 자는 부정한 행동으로 임신된 것이 아니요 하나님의 능력으로 말미암음

이라

21 아들을 낳으리니 이름을 예수라 하라 이 이름의 뜻은 자기
　　백성을 그들의 죄에서 구원할 자 이심이라 하더라

22 이 모든 일은 예수께서 태어나시기 전에 살았던 여러 선지
　　자들을 통하여 하나님이 예언하신 대로 된 것이니 선지자들
　　을 통하여 하신 말씀에

23 보라 처녀가 잉태하여 아들을 낳을 것이요 그의 이름은 임
　　마누엘이라 하리라 하셨으니 임마누엘은 번역한즉 하나님
　　이 우리와 함께 계시다라는 뜻이라

24 요셉이 꿈에서 깨어 일어나 주의 천사의 분부대로 하여 그
　　아내를 데려왔으나

25 예수를 낳기 전까지 동침하지 아니하더니 낳으매 이름을 예
　　수라 하니라

2장

1 헤롯이라는 왕이 이스라엘의 예루살렘과 유대 인근 지역을 다스릴 때에 예수께서 유대 땅 베들레헴이라는 동네에서 태어나시매 멀리 동방으로부터 박사들이 예루살렘에까지 찾아와 예루살렘 사람들에게 말하되

2 유대인의 왕으로 나신 이가 어디 계시냐 우리가 동방에서 그의 별을 보고 그에게 경배하러 왔노라 하니 이들은 동방에서부터 매우 특별한 별이 나타났으므로 왕이 태어날 징조라 생각하여 별을 따라 예루살렘에까지 오게 되었더라

3 이 동방에서 온 박사들이 유대의 왕으로 나신 이가 어디 계시냐 물으니 이로 인하여 이미 왕으로 있는 헤롯왕과 온 예루살렘이 듣고 한바탕 소동이 일어난지라.

4 헤롯왕이 하나님께 제사 드리는 모든 대제사장과 백성의 서기관들을 모아 그리스도가 어디서 나겠느냐 물으니

5 답하기를 유대 베들레헴이오니 그 이유는 선지자들이 기록하기를

6 **또 유대 땅 베들레헴아 너는 유대 고을 중에서 가장 작지 아니하도다 네게서 한 다스리는 자가 나와서 내 백성 이스라엘의 목자가 되리라** 하였음이니이다 하더라

7 이에 헤롯이 가만히 박사들을 불러 별이 나타난 때를 자세히 묻고

8 베들레헴으로 보내며 이르되 가서 아기에 대하여 자세히 알
  아보고 찾거든 내게 고하여 나도 가서 그에게 경배하게 하
  라 하더라

9 박사들이 왕의 말을 듣고 갈 새 동방에서 보던 그 별이 앞서
  인도하여 가다가 문득 아기 있는 곳에서 머물러 서는지라

10 동방에서부터 별을 따라나선 박사들이 매우 크게 기뻐하고
  기뻐하더라

11 별이 머물러 선 자리에 집이 있어 들어가 보니 갓 태어난 아
  기와 그의 어머니 마리아가 함께 있는 것을 보고 엎드려 아
  기께 경배하고 보배합을 열어 황금과 유향과 몰약을 예물로
  드리니라

12 그들은 꿈에 헤롯에게로 돌아가지 말라 지시하심을 받아 다
  른 길로 고국으로 돌아가니라

13 그들이 떠난 후에 주의 사자가 요셉에게 현몽하여 이르되
  헤롯이 아기를 찾아 죽이려 하니 일어나 아기와 그의 어머
  니를 데리고 이집트로 피하여 내가 네게 다시 일러줄 때까
  지 거기 있으라 하시니

14 요셉이 꿈에서 깨어 일어나 그날 밤에 아기 예수와 그의 어
  머니를 데리고 이집트로 떠나가

15 헤롯이 죽기까지 이집트에 있었으니 이는 주께서 선지자를
  통하여 이런 일이 있으리라 말씀 하신 바 이집트로부터 내
  아들을 불렀다 하시더니 말씀대로 되었더라

16 후에 헤롯이 박사들에게 속은 줄 알고 심히 노하여 사람을 보내어 베들레헴과 그 모든 지경 안에 있는 사내아이를 박사들에게 자세히 알아본 그 때를 기준하여 두 살부터 그 아래로 다 죽이니

17 이에 선지자 예레미야를 통하여 하나님이 미리 말씀하신 바

18 라마에서 슬퍼하며 크게 통곡하는 소리가 들리니 라헬이라는 여인이 그 자식을 위하여 애곡하는 것이라 그가 자식이 죽었으니 위로 받기를 거절하였도다 라는 예언대로 되었더라

19 어느덧 시간이 흘러 헤롯이 죽자 주의 사자가 이집트에서 요셉의 꿈에 나타나서

20 일어나 아기예수와 그 어머니를 데리고 이스라엘 땅으로 가라 아기의 목숨을 찾던 자들이 죽었느니라 하시니

21 요셉이 일어나 아기와 그 어머니를 데리고 이스라엘 땅으로 돌아왔더라

22 그러나 헤롯의 아들 아켈라오가 그의 아버지 헤롯을 이어 유대의 임금이 되었다는 소식을 듣고 거기로 가기를 무서워하더니 꿈에 지시하심을 받아 이스라엘 북쪽 저 멀리 갈릴리 지방으로 떠나가

23 나사렛이란 동네에 가서 살게 되었는데 이것도 예수께서 태어나기 전에 살았던 선지자들을 통하여 예수는 나사렛 사람이라 부르리라 하신 말씀대로 이루어졌더라. 그래서 오늘날

사람들이 예수를 부를 때 나사렛 예수라고 부르게 되었더라

3장

1 그 때에 침례 요한이란 사람이 유대지역의 들판에서 침례도 베풀며 설교도 하여 유명해졌는데 이 사람은 하나님이 보내신 선지자요 하나님의 심부름으로 사람들을 물에 잠기게 했다가 일으키는 침례를 베풀면서 사람들에게 전하는 내용이

2 회개하라 천국이 가까이 왔느니라 하더라. 회개하라는 말의 뜻은 하나님을 떠나 있는 삶에서 돌아서서 하나님께로 돌아오라는 뜻이더라

3 그는 선지자 이사야가 예언했던 자더라. 이사야가 예언하기를 광야에 외치는 자의 소리가 있으리로다 그가 전하는 말씀은 이러하니 너희는 주께서 오셔서 너희를 부를 때 마음에 준비하고 있다가 주를 따르라 그가 오셔서 너희들을 부르실 때 미루지 말고 곧바로 그 말씀을 따르라 할 것이라 예언하였더라

4 이 요한은 낙타털 옷을 입고 허리에 가죽 띠를 띠고 음식은 메뚜기와 꿀이더라

5 이렇게 요한이 사람들에게 침례도 주고 말씀도 전하니 예루살렘과 온 유대와 요단 강 사방에서 침례요한에게 찾아와

6 자기들의 죄를 자복하고 요단강에서 그에게 침례를 받더니

7 서민들뿐만 아니라 많은 바리새인들과 사두개인들도 침례 베푸는 데로 오더라. 이 사람들은 율법을 지켜야 한다고 큰

소리로 외치며 율법을 철저히 지키려고 애 쓰는 바리새파 사람들이요, 또 다른 사두개파 사람들이더라. 이 바리새파 사람들은 자기들의 높은 자리를 지키기 위해서는 나쁜 짓도 서슴없이 하고 또 율법을 못 지키는 사람들 위에 서서 사람들을 무시하는 삐뚤어진 마음을 가진 사람들이더라. 이런 바리새파 사람들과 사두개파 사람들이 침례요한에게 찾아오니 침례요한이 이르되 독사의 자식들아 누가 너희를 가르쳐 곧 닥쳐올 하나님의 진노를 피하라 하더냐

8 그러므로 회개했다면 회개한 사람답게 합당한 열매를 맺는 삶을 살아라

9 옳지 않은 태도로 살면서 속으로 우리는 아브라함의 자손이로다라고 생각하지 말라. 내가 너희에게 이르노니 하나님은 이 돌들로도 충분히 아브라함의 자손이 되게 하시리라 돌보다 못한 인간들아

10 이미 도끼가 나무뿌리에 놓였으니 곧 뿌리가 잘려 나가리라 좋은 열매를 맺지 아니하는 나무마다 찍혀 불에 던져지듯이 너희들도 곧 지옥 불에 던져지리라

11 나는 너희들을 회개하게 하기 위하여 물로 침례를 베풀거니와 내 뒤에 오시는 예수는 나보다 능력이 많으시니 나는 그의 신을 들기도 감당하지 못할 만큼 그 분은 위대하신 분이시니라 그는 성령과 불로 너희에게 침례를 베푸실 것이라 하더라 성령과 불로 침례를 베푸신다는 뜻은 성령을 주시거

나 아니면 지옥 불에 잠기게 하시겠다는 뜻이더라

12 예수는 손에 키를 들고 자기의 타작마당을 정하게 하사 키
질을 하여 알곡은 모아 곳간에 들이고, 쭉정이는 꺼지지 않
는 불에 태우시리라

13 이때에 예수께서 갈릴리로부터 요단강에 이르러 요한에게
침례를 받으려 하시니

14 요한이 황송하여 말려 이르되 내가 당신에게서 침례를 받아
야 할 터인데 당신이 나에게 침례를 받으려 하시나이까

15 예수께서 대답하여 이르시되 이제 허락하라 내가 그대에게
침례를 받는 것이 하나님의 뜻을 받드는 것이니 이렇게 하
는 것이 합당하니라 하나님의 뜻은 나를 특별한 사람으로
대우하지 말고 모든 사람이 겪었던 그 길을 나도 동일하게
겪기를 바라는 것이라 나도 그대와 같이 똑같은 사람이라
하시니 이에 요한이 허락하고 예수께 침례를 베푸는지라

16 예수께서 침례를 받으시고 곧 물에서 올라오실 새 하늘이
열리고 하나님의 성령이 비둘기 같이 내려 자기 위에 임하
심을 보시더니

17 하늘로부터 소리가 들려오는데 그 말씀하시는 내용이 이는
내 사랑하는 아들이요 내 기뻐하는 자라 하시는 음성이 울
려 퍼지더라

4장

1 그 때에 성령께서 예수를 이끌어 마귀에게 시험을 받도록 광야로 데리고 가셨더라. 우리가 살면서 느끼는 세상유혹을 예수께서도 마귀로부터 유혹받도록 성령께서 예수를 이끌고 가셨더라. 이 때 예수는 세상 모든 유혹을 물리쳐야만 우리를 위한 깨끗한 제물이 될 자격이 있으므로 하나님께서 이와 같이 하여 예수의 성결하심을 증명하셨더라

2 이제 예수는 사십 일을 밤낮으로 금식기도를 하신 후에 굶주리신지라

3 유혹하는 저 마귀가 예수께서 굶주려 있을 때에 찾아와서 이르되 네가 만일 하나님의 아들이거든 명하여 이 돌들로 떡덩이가 되게 하라 하나님의 말씀보다도 먹고 사는 것이 더 중요하지 아니하냐 먹고 사는 것을 먼저 해결해야 하나님 말씀도 따를 것이 아니냐 네 먹을 것을 먼저 해결하라 유혹하니

4 예수께서 대답하여 이르시되 기록되었으되 **사람이 먹을 것만 해결된다고 그 마음이 행복하겠느냐 하나님의 입으로부터 나오는 모든 말씀을 따라 살아야 비로소 심령이 만족하고 행복하느니라** 하였느니라 하시니

5 그러자 이번에는 마귀가 예수를 거룩한 성으로 데려다가 성전 꼭대기에 세우고

6 이르되 네가 만일 하나님의 아들이어든 뛰어내리라 유혹하
며 마귀도 성경 말씀을 인용하기를 그가 너를 위하여 그 사
**자들을 명하시리니 그들이 손으로 너를 받들어 발이 돌에
부딪히지 않게 하리로다** 라고 적혀 있지 않느냐 그러므로
뛰어내려 보라 하나님이 저 말씀대로 너를 사랑하는지 아닌
지 확인해보자 하니

7 예수께서 이르시되 **또 기록되었으되** 하나님이 과연 우리를
사랑하시는가 말씀대로 나를 지켜주시는가 하고 주 너의 하
나님을 시험하지 말라 시험해보지 않아도 하나님은 우리를
사랑하시니 하나님의 사랑을 확인코자 하나님을 시험하는
것은 악한 일이니라 하였느니라 하시니

8 마귀가 또 그를 데리고 지극히 높은 산으로 가서 천하만국
과 그 영광을 예수께 보여주며

9 이르되 만일 하나님을 버리고 내게 엎드려 경배하면 온 세
상 모든 것을 네게 주리라

10 이에 예수께서 말씀하시되 사탄아 물러가라 기록되었으되
주 너의 하나님께 경배하고 다만 그를 섬기라 하였느니라

11 이에 마귀는 예수를 유혹하여 죄 짓게 하는 일에 실패했지
만 얼마 동안만 떠나게 되었고 천사들이 나아와서 수종드니
라

12 이런 일이 있은 후에 예수께서 침례요한이 잡혔다는 소식을
들으시고 이스라엘 북쪽 갈릴리로 물러가셨다가

13 자라난 동네 나사렛을 떠나서 갈릴리 호수 주변에 있는 스불론 동네와 납달리 동네 근처 호숫가에 있는 가버나움이란 동네에 가서 사시니 갈릴리 호수가 워낙 커서 갈릴리 바다라고도 하고 호숫가를 해변이라고도 부르더라

14 갈릴리 해변 동네에 가서 사시게 된 것도 선지자 이사야를 통하여 하나님이 미리 예언을 하신 것이 그대로 이루어졌더라. 그 미리 예언하신 내용은 이러하니

15 스불론 땅과 납달리 땅과 요단 강 저편 해변 길과 이스라엘 나라 밖 이방 땅의 갈릴리여

16 하나님을 모르니 캄캄한 흑암에 앉은 것과 같은 백성이 큰 빛 되신 예수를 보았고 또 천국소망 없이 지옥으로 가게 될 사망의 땅과 그늘에 앉은 것 같은 자들에게 천국 빛이 비취었도다 라고 예언하였더라

17 이때부터 예수께서 이 땅에 오신 목적을 이루기 위하여 본격적으로 일을 시작하시는데 사람들에게 천국 가는 길을 전파하여 이르시되 회개하라 천국이 가까이 왔느니라 하시더라

18 갈릴리 해변에 다니시다가 두 형제 곧 베드로라고 별명을 붙여준 시몬과 그의 형제 안드레가 바다에 그물 던지는 것을 보시니 그들은 어부라. 베드로는 반석이라는 뜻으로서 예수께서 시몬에게 별명을 붙여서 부르시매 다들 베드로라 부르게 되었더라. 베드로의 형제 안드레는 침례요한의 제자

였으나 침례요한이 예수님을 소개해주자 안드레는 그 날 이후로 예수님을 따라 다니다가 자기 형제 베드로를 찾아가서 온 세상의 왕 그리스도를 만났다고 전하여 자기 형제 베드로를 예수님께로 데리고 갔더라

19 예수님께서 두 형제에게 말씀하시되 나를 따라 오너라 지금까지는 너희가 고기를 낚았으나 이제부터는 내가 너희를 사람을 천국으로 낚아 올리는 천국어부가 되게 하리라 하시니

20 그들이 곧 그 생업을 뒤로 하고 예수를 따르니라

21 거기서 더 가시다가 다른 두 형제도 만났는데 세베대라는 사람의 아들로 이름은 야고보와 요한이더라. 이 둘도 친형제더라. 그들은 아버지 세베대와 함께 배에서 그물을 깁고 있었는데 베드로 때문에 이들도 예수님이 어떤 분이신지 알고 있었던 터에 예수님이 이들도 제자가 되라고 부르시니

22 그들이 곧 배와 아버지를 뒤로 하고 예수를 따르니라

이들 베드로와 안드레 그리고 세베대의 두 아들 야고보와 요한이 예수님을 따르기로 결심하는 날에 이런 일이 있었더라. 예수께서 베드로를 찾아온 그날도 사람들이 예수를 찾아왔고 예수는 베드로의 배 위에 올라타서 물에 띄워주기를 요청한 후에 배 위에서 사람들에게 말씀을 전하였더라. 그 때 베드로도 그물을 손질하면서 그 말씀을 듣고 있었는데 말씀이 다 끝난 후에 예수는 베드로에게 깊은 데로 가서 그물을 내리라고 하시더라. 베드로가 예수께 이르되 "선생

님 우리가 밤이 새도록 고기를 잡았으나 얻은 것이 없지만
은 그물을 내려 보라 하시니 하신 말씀 때문에라도 그물을
내려 보기는 하겠나이다" 하고 예수님이 말씀하신 장소에
그물을 내리니 그물이 찢어질 만큼 고기가 잡힌지라 세배대
의 두 아들 야고보와 요한에게 손짓하여 도움을 청한 후 함
께 두 배로 고기를 건져 올리니 배가 가라앉을 만큼 가득하
게 되었더라. 이를 보고 베드로가 예수를 두려워하여 예수
의 발 앞에 꿇어앉아서 나는 죄인이로소이다 어찌 나 같은
사람을 찾아오셨나이까 하니 주님이 베드로의 순수함을 보
시고 제자로 부르게 되었더라. 이리하여 시몬 베드로와 그
형제 안드레 그리고 세베대의 두 아들 야고보와 요한도 예
수를 따르는 제자가 되었더라

23 이제 제자들을 데리고 다니시는데 예수께서 온 갈릴리호수
주변 마을에 두루 다니시며 마을마다 있는 회당에서 가르치
시고 천국의 기쁜 소식을 전파하시며 백성들에게 있는 모든
병과 모든 약한 것을 고쳐주시니

24 예수의 소문이 이스라엘뿐만 아니라 나라밖 온 수리아에까
지 퍼진지라 사람들이 모든 앓는 자, 곧 각종 병에 걸려서 고
통당하는 자, 귀신들린 자, 간질하는 자, 중풍병자들을 데려
와서 예수의 발 앞에 두니 그들을 다 고치시더라

25 이로 인하여 갈릴리호수 근처뿐만 아니라 데가볼리와 이스
라엘 남쪽 예루살렘과 유대와 요단 강 건너편에서까지도 수

많은 무리가 찾아와 예수를 따르게 되더라

5장

1 예수께서 무리를 보시고 산에 올라가 앉으시니 제자들도 예
  수님 곁에 앉고 수많은 무리들도 차례대로 예수님께로 나아
  온지라

2 입을 열어 가르쳐 이르시되

3 심령이 가난한 자는 복이 있나니 천국이 그들의 것임이요
  이 말씀은 세상에 대한 욕심을 비우면 천국의 평안함을 누
  리게 된다는 뜻이요

4 애통하는 자는 복이 있나니 그들이 위로를 받을 것임이요
  이 말씀은 옳지 않는 일을 볼 때 그 마음이 상하고 애통하는
  자는 위로 받을 일이 생긴다는 뜻이요

5 온유한 자는 복이 있나니 그들이 땅을 기업으로 받을 것임
  이요
  이 말씀은 마음을 부드럽게 하여 원수진 일 없이 잘 지내면
  이런 저런 기회를 만나게 되어서 땅에서 복을 받는다는 뜻
  이요

6 의에 주리고 목마른 자는 복이 있나니 그들이 배부를 것임
  이요
  이 말씀은 세상이 올바르기를 간절히 바라는 자는 배부른
  복을 받는다는 뜻이요

7 긍휼히 여기는 자는 복이 있나니 그들이 긍휼히 여김을 받

을 것임이요

이 말씀은 남을 불쌍하게 생각만 하는데서 그치지 아니하고 불쌍한 사람을 직접 나서서 도와주면 너희가 어려워질 경우에 하나님이 나서서 너희를 도와준다는 뜻이요

8 마음이 청결한 자는 복이 있나니 그들이 하나님을 볼 것임이요

이 말씀은 남이 보나 안 보나 마음을 정직하게 행하는 자는 자기 하는 일에 하나님이 도와주시는 손길을 체험하게 된다는 뜻이요

9 화평케 하는 자는 복이 있나니 그들이 하나님의 아들이라 일컬음 받을 것임이요

이 말씀은 다투는 문제를 풀어주며 화평하게 지내도록 도와주는 일을 하게 되면 사람들이 "이 사람이야말로 정말 믿는 사람이구나" 하며 인정과 칭찬을 받을 것이라는 뜻이요

10 의를 위하여 핍박을 받은 자는 복이 있나니 천국이 그들의 것임이라

이 말씀은 옳은 일을 하는 것으로 말미암아 미움 받고 고생하는 자는 천국 같은 기쁨과 평안함이 가득하게 된다는 뜻이라

11 너희가 나를 믿는 일로 인하여 사람들이 너희를 욕하고 박해하고 거짓말로 꾸며서 너희를 반대하며 모든 악한 말을 할 때에는 너희에게 복이 있나니

12 이런 일이 일어나거든 기뻐하고 즐거워하라 이런 일을 당하는 사람은 하늘에서 상이 큼이라 너희들 전에 있던 선지자들도 이런 박해를 다 겪었느니라

13 너희는 세상이 맛나도록 하는 소금 같은 존재이니 소금이 만일 그 맛을 잃으면 무엇으로 짜게 하리요 아무 맛도 안내면 아무 쓸 데 없으니 밖에 버리게 되고 심지어 사람들에게조차 밟힐 뿐이니라

14 너희들 때문에 사람들이 예수를 알게 될 것이니 너희는 캄캄한 세상의 빛이라 산 위에 있는 저 먼 동네까지도 결국 소식이 전해지게 되니 그 멀리 있던 동네도 숨겨지지 않고 결국 예수 이야기를 다 듣게 될 것이니라

15 사람이 등불을 켜서 말통으로 덮어 두지 아니하고 등경 위에 두지 않느냐 이렇게 해야 집안 모든 사람에게 비치느니라 내가 너희에게 이 말을 하는 것은 너희 빛을 덮어 두지 말고 다른 사람에게 비추라고 말하는 것이니라

16 이같이 너희 빛이 사람 앞에 비치게 하여 세상 사람들이 너희 착한 행실을 보고 하늘에 계신 너희 아버지께 영광을 돌리며 하나님께로 돌아오게 하라 믿는 자들의 착한 행실을 두고 빛이라 하시더라

17 내가 율법이나 선지자를 폐하고 새로운 가르침을 전파하러 온 줄로 생각하지 말라 폐하러 온 것이 아니요 완전히 이루게 하려고 왔느니라

18 너희들은 지금까지 하나님의 율법을 충분히 못지켰으니 너희 모두가 율법을 따라서 지옥판결을 받아 그날을 기다리며 살게 되었느니라 그러므로 너희가 당할 그 사형판결을 내가 짊어지려고 왔노라 진실로 너희에게 이르노니 천지가 없어지기 전에는 율법의 일점일획도 결코 없어지지 아니하고 다 이루리라 그러므로 율법에 적힌 대로 너희에게 내려진 지옥 사형 판결은 반드시 너희가 당해야 하리라

19 그러므로 누구든지 이 계명 중에 지극히 작은 것 하나라도 버리고 또 그같이 사람을 가르치는 자는 천국에서 지극히 작다 일컬음을 받을 것이요 누구든지 이를 행하며 가르치는 자는 천국에서 크다 일컬음을 받으리라

20 내가 너희에게 이르노니 너희 착한 행실이 저 나쁜 바리새파 사람들보다 더 낫지 못하면 결단코 천국에 들어가지 못하리라 믿는 자는 믿는 사람다운 행실이 따르게 되어 있느니라 그러니 너희에게 믿는 자의 행실이 나타나지 않는다면 너희가 바리새파 사람들과 다를 바가 무엇이냐

21 이전 시대에 살았던 사람들에게 율법이 무어라 말씀하셨느냐 **살인하지 말라 누구든지 살인하면 지옥심판을 받게 되리라** 하였다는 것을 너희가 들었으나

22 나는 너희에게 이르노니 형제에게 화를 내는 자도 지옥심판을 받게 되고 형제를 항하여 욕설을 하는 자도 지옥심판 자리에 잡혀가게 되고 미련한 놈이라 하는 자도 지옥 불에 들

어가게 되리라

23 그러므로 예물을 들고 하나님을 찾아왔는데 네 형제에게 원
망들을 만한 잘못한 일이 떠오르거든

24 예물을 제단 앞에 두고 먼저 가서 형제와 화목하여 네 죄를
없앤 후에 와서 예물을 드리라 죄 있는 사람은 내 앞에 오지
못하리라

25 너를 죄인이라 하나님께 고발하는 마귀와 또한 네 양심이
있으니 네가 아직 살아 있는 이때에 급히 너의 죄를 씻으라
그렇지 아니하면 그 고발하는 자가 재판관인 하나님께 내어
주고 재판관이 간수에게 내어주어 지옥에 가둘까 염려하라

26 진실로 네게 이르노니 단 한 푼이라도 남김없이 네 죄를 다
갚기 전에는 결단코 벗어날 수 없으리라 하시니라. 그러나
사람이 일평생 지은 자기의 모든 죄를 스스로 다 지울 수 없
으므로 모든 사람에게는 죽음과 형벌만이 남았더라

27 또 간음하지 말라 하였다는 것을 너희가 알고 있으나

28 나는 너희에게 이르노니 음욕을 품고 여자를 보는 자마다
마음에 이미 간음하였느니라 머릿속에서 일어난 음란도 네
가 한 것이매 그러므로 간음하지 않은 자가 없으니 모두 간
음 죄인이로다

29 만일 네 오른 눈 때문에 네가 잘못된 길로 실족하여 죄를 지
었거든 빼어 내버리라 네 신체 중 하나가 없어지고 온 몸이
지옥에 던져지지 않는 것이 유익하며

30 또한 만일 네 오른손이 너를 잘못된 길에 빠지도록 실족하게 하였거든 찍어 내버리라 네 신체 중 하나가 없어지더라도 온 몸이 지옥에 던져지지 않는 것이 유익하니라

31 또 일렀으되 누구든지 아내를 버리려거든 이혼 증서를 줄 것이라 하였으나

32 나는 너희에게 이르노니 누구든지 배우자가 음행한 이유도 없는데 이혼하면 이는 배우자로 간음하게 함이요 또 누구든지 이혼한 자와 결혼하여도 간음함이니라

33 또 옛 사람에게 말한바 "헛맹세를 하지 말고 네 맹세한 것을 주께 지키라" 하였다는 것을 너희가 들었으나

34 나는 너희에게 이르노니 도무지 맹세하지 말지니 하늘로도 하지 말라 이는 하나님의 보좌임이요

35 땅으로도 하지 말라 이는 하나님의 발을 올려놓는 발등상임이요 예루살렘으로도 하지 말라 이는 큰 임금의 성임이요

36 네 머리로도 말라 이는 네가 머리카락 한 가닥도 희고 검게 할 수 없음이라

37 오직 너희는 옳은 것은 옳다 아닌 것은 아니다 말하는 정도로 하라 이것보다 더 지나쳐서 맹세까지 하는 것은 악으로부터 나느니라

38 또 눈은 눈으로 이는 이로 갚으라 하였다는 것을 너희가 들었으나

39 나는 너희에게 이르노니 악한 자를 대적하지 말라 누구든지

네 오른편 뺨을 치거든 왼편도 돌려 대며

40 또 너를 고발하여 속옷을 가지고자 하는 자에게 겉옷까지도 가지게 하며

41 또 누구든지 너로 억지로 오 리를 가게 하거든 그 사람과 십 리를 동행하고

42 네게 구하는 자에게 주며 네게 꾸고자 하는 자에게 거절하지 말라

43 또 네 이웃을 사랑하고 네 원수를 미워하라 하였다는 것을 너희가 들었으나

44 나는 너희에게 이르노니 너희 원수를 사랑하라 사랑은 감정이 아니라 행동이니 그의 유익을 위하여 행동하라 너희를 핍박하는 자를 위하여 기도하라

45 이같이 한즉 하늘에 계신 너희 아버지의 아들이라고 주변 사람들로부터 인정을 받게 되리니 이는 하나님은 그 해를 악인과 선인에게 비추시며 비를 의로운 자와 불의한 자에게 내려주시니 너도 그렇게 하면 하나님의 아들이라 인정받게 되리라

46 너희가 너희를 사랑하는 자만 사랑하면 무슨 상이 있으리요 세리도 이같이 하지 않느냐

세리들은 이스라엘이 로마의 지배를 받던 시절 같은 민족 이스라엘 사람의 돈을 거두어다가 로마에 갖다 바치며 그 돈으로 자기 배를 불리는 세금 거두는 사람들이더라. 그러

므로 이스라엘 사람들은 세금 거두는 세리를 창녀보다도 더 못한 죄인으로 취급하였더라. 그러므로 예수님의 말씀에 세리도 그 정도는 하는데 너희는 남을 더욱 사랑하라 하신 뜻이었더라

47 또 너희가 너희 형제에게만 문안하면 남보다 더하는 것이 무엇이냐 하나님을 모르는 이방인들도 이같이 아니하느냐

48 그러므로 하늘에 계신 너희 아버지께서 온전하신 마음으로 모두를 사랑하심 같이 너희도 온전한 마음으로 모두를 사랑하라

6장

1 사람에게 보이려고 사람들 보는 앞에서 너희 선행을 행하지 않도록 주의하라 남에게 보이고 싶어서 겉으로만 도와주는 척 하면 하늘에 계신 너희 아버지께 상을 받지 못하느니라

2 그러므로 구제할 때에 외식하여 겉으로 형식만 차려서 사람에게서 칭찬과 영광을 받으려고 회당과 거리에서 하는 것 같이 너희 앞에 나팔을 불지 말라 진실로 너희에게 이르노니 그들은 천국에서 받을 자기의 상을 이 땅에서 이미 받았느니라

3 너는 구제할 때에 오른손이 하는 것을 왼손이 모르게 하여

4 네 구제함을 은밀하게 하라 은밀한 중에 보시는 너의 아버지께서 너에게 다 갚으시리라

5 또 너희는 기도할 때에 외식하는 자와 같이 하지 말라 그들은 사람에게 보이려고 회당과 큰 거리 어귀에 서서 기도하기를 좋아하느니라 내가 진실로 너희에게 이르노니 그들은 자기 상을 이미 받았느니라

6 너는 기도할 때에 네 골방에 들어가 문을 닫고 은밀한 중에 계신 네 아버지께 기도하라 아무도 안볼 때 하는 기도야말로 너의 진실된 속마음의 기도요 또한 아무도 알아주지 않더라도 누군가를 위하여 기도하니 네 아버지께서 기뻐하셔서 네가 곤경에 처하게 될 때 너를 도와주시리라

7 또 기도할 때에 이방인과 같이 주문을 외우듯 중언부언하지 말라 그들은 말을 많이 하여야 들으실 줄 생각하느니라

8 그러므로 그들을 본받지 말라 네가 구하기도 전에 너희에게 무엇이 있어야 할지 하나님 너희 아버지께서는 아시느니라

9 그러므로 너희는 이렇게 기도하라 하늘에 계신 우리 아버지여 아버지의 이름이 조롱이나 무시 받는 일 없이 거룩히 여김을 받으시오며

10 아버지의 나라가 임하시오며 아버지의 뜻이 하늘에서 이룬 것 같이 이 땅에서도 이루어지기를 바라나이다

11 오늘 우리에게 일용할 양식을 주시옵고

12 우리가 우리에게 죄 지은 자를 용서하여 준 것 같이 우리 죄를 용서하여 주시옵고

13 우리를 유혹에 빠지지 않게 하옵시며 다만 악한 일들에서 구하시옵소서 라고 기도하라

14 너희가 다른 사람의 잘못을 용서하면 너희 하늘 아버지께서도 너희 잘못을 용서하시려니와

15 너희가 다른 사람의 잘못을 용서하지 아니하면 너희 아버지께서도 너희 잘못을 용서하지 아니하시리라

16 금식기도 할 때에 너희는 외식하는 자들과 같이 슬픈 기색을 보이지 말라 그들은 금식한다는 것을 사람들에게 보이고 싶고 자랑하고 싶어서 얼굴에 배고픈 기색을 더욱 드러내며 금식기도 중이라고 티를 내느니라 내가 진실로 너희에게 이

르노니 그들은 사람들에게 칭찬을 다 받았으니 자기 상을
이미 받은 것이므로 천국에서는 상이 없느니라

17 너는 금식할 때에 머리에 기름을 바르고 얼굴을 씻으라

18 이는 금식하는 자로 사람에게 보이지 않고 오직 은밀한 중
에 계신 네 아버지께 보이게 하려 함이라 은밀한 중에 보시
는 네 아버지께서 갚으시리라

19 너희 자신만을 위하여 보물을 땅에 쌓아 두며 살지 말라 이
세상은 좀과 동록이 해하며 이런 저런 도둑이 구멍을 뚫고
도둑질하니 네 물질이 허무하게 사라지리라

20 오직 보물을 하늘에 쌓아 두라 이것이야말로 바로 네 자신
을 위하는 것이니 거기는 좀이나 동록이 해하지 못하며 이
런 저런 도둑도 없으므로 구멍을 뚫지도 못하고 도둑질도
못하느니라

21 네 보물 네 물질이 있는 그 곳에는 네 마음도 있느니라 자신
의 마음이 이 땅에 있는지 주님 나라에 있는지 잘 모르겠거
든 물질을 주로 어디에 쓰는지를 살펴본다면 자신의 마음이
어디를 향하여 있는지 알게 되리라

22 눈은 몸의 등불이니 그러므로 네 눈이 성하면 온 몸이 밝을
것이요

23 눈이 나쁘면 온 몸이 어두울 것이니 그러므로 네게 있는 빛
이 어두우면 그 어둠이 얼마나 더하겠느냐 그러므로 현세의
재물에 눈이 멀어 하나님 나라를 보지 못하는 어리석은 사

람이 되지 않도록 하라

24 한 사람이 두 주인을 섬기지 못할 것이니 혹 이를 미워하고 저를 사랑하거나 혹 이를 중히 여기고 저를 경히 여김이라 너희가 하나님과 재물을 겸하여 섬기지 못하느니라 물질의 종이 되거나 하나님이 종이 되거나 둘 중 하나가 되리라

25 그러므로 내가 너희에게 이르노니 목숨을 위하여 무엇을 먹을까 무엇을 마실까 몸을 위하여 무엇을 입을까 염려하지 말라 목숨이 음식보다 중하며 몸이 의복보다 중하지 아니하냐 세상에서 먹고 살 음식을 염려하지 말고 더 중요한 참 생명을 염려하라

26 공중의 새를 보라 심지도 않고 거두지도 않고 창고에 모아들이지도 아니하되 너희 하늘 아버지께서 기르시나니 너희는 이것들보다 귀하지 아니 하냐

27 너희 중에 누가 염려를 하여 그 키를 한 자라도 더 자라게 한 일이 있느냐

28 또 너희가 어찌 의복을 위하여 염려하느냐 들의 백합화가 어떻게 자라는가 생각하여 보라 수고도 아니 하고 길쌈도 아니 하느니라

29 그러나 내가 너희에게 말하노니 솔로몬의 모든 화려했던 영광도 하나님이 키워주시는 손길을 입는 이 꽃 하나만 못하였느니라

30 오늘 있다가 내일 아궁이에 던져지는 들풀도 하나님께서 이

렇게 입히시는데 하물며 너희들을 돌보지 아니하시겠느냐 믿음이 작은 자들아

31 그러므로 염려하여 이르기를 무엇을 먹을까 무엇을 마실까 무엇을 입을까 염려하지 말라

32 이는 다 하나님을 모르는 세상 사람들이나 구하는 것이라 너희 하늘 아버지께서는 이 모든 것이 너희에게 있어야 할 줄을 아시느니라

33 너희가 먼저 구해야 할 것은 내가 주의 나라를 위하여 무엇을 할까 내가 알아야 할 주의 뜻은 무엇일까 이니라 먼저 이것을 구하면 주를 위하여 수고하는 일에 열매를 주실 뿐만 아니라 네가 걱정했던 세상 삶의 필요한 나머지 것들도 너희에게 더 얹어주시리라

34 그러므로 내일 일을 위하여 미리 염려하지 말라 내일 일은 내일 염려할 것이요 한 날의 괴로움은 그 날로 족하니라

7장

1 비판을 받지 않으려거든 비판하지 말라

2 남을 비판하면 그 비판으로 너희가 도로 비판을 받을 것이요 남이 못한 것을 헤아리는 그 헤아림으로 너희가 도로 헤아림을 받을 것이니라

3 어찌하여 형제의 눈 속에 있는 티는 보고 네 눈 속에 있는 들보는 깨닫지 못하느냐

4 보라 네 눈 속에 들보가 있는데 어찌하여 형제에게 말하기를 나로 네 눈 속에 있는 티를 빼게 하라 하겠느냐

5 외식하는 자여 먼저 네 눈 속에서 들보를 빼어라 그 후에야 밝히 보고 형제의 눈 속에서 티를 빼리라 자기에게 있는 들보 같은 큰 잘못은 보지 못하고 남에게 있는 티끌 같은 잘못은 잘도 보는 구나

6 거룩한 것을 개처럼 미련한 사람에게 주지 말며 너희 진주를 돼지처럼 욕심 많은 자 앞에 던지지 말라 그들은 네가 주는 좋은 말과 좋은 충고를 몰라보고 기분 나쁘다고 하며 그것을 발로 밟고 돌이켜 너희를 찢어 상하게 할까 주의하라

7 구하라 그리하면 너희에게 주실 것이요 찾으라 그리하면 찾아낼 것이요 문을 두드리라 그리하면 너희에게 열릴 것이니

8 구하는 이마다 받을 것이요 찾는 이는 찾아낼 것이요 두드리는 이에게는 열릴 것이니라

9 너희 중에 누가 아들이 떡을 달라 하는데 돌을 주며

10 생선을 달라 하는데 뱀을 줄 사람이 있겠느냐

11 너희가 악한 자라도 자기 자식에게는 좋은 것으로 주려고 하지 않느냐 그런데 하물며 하늘에 계신 너희 아버지께서 하나님의 자녀들이 구하는데 어찌 좋은 것으로 주시지 않겠느냐

12 그러므로 무엇이든지 남에게 대접을 받고자 하는 대로 너희도 남을 대접하라 이것이 율법이 말하고자 하는 바요 선지자들이 전하는 말씀의 중심내용이니라

13 좁은 문으로 들어가라 멸망으로 인도하는 문은 크고 그 길이 넓어 그리로 들어가는 자가 많고

14 생명으로 인도하는 문은 좁고 그 길이 협착하여 찾는 이가 적음이라

좁은 문은 예수님의 말씀대로 살려고 하면 이런 저런 반대가 있게 되니 문이 좁다는 뜻이고 문이 크고 길이 넓다는 것은 예수 안 믿으니 방해하는 사람도 없어 자기 마음대로 살다가 지옥 멸망으로 가는 자가 매우 많다는 뜻에서 길이 넓다고 하는 것이더라

15 거짓 목사들을 삼가라 양의 옷을 입고 너희에게 나아오나 속에는 노략질하는 이리니라

16 거짓 목사를 구별하는 방법은 그들의 열매로 그들을 알 수 있으니 가시나무에서 포도를 또는 엉겅퀴에서 무화과를 따

겠느냐

17 이와 같이 좋은 나무마다 아름다운 열매를 맺고 못된 나무가 나쁜 열매를 맺나니

18 좋은 나무가 나쁜 열매를 맺을 수 없고 못된 나무가 아름다운 열매를 맺을 수 없느니라

19 아름다운 열매를 맺지 아니하는 나무마다 찍혀 불에 던져지느니라

20 이러므로 거짓 목사인지 참 목사인지 그들의 열매로 그들을 알리라

21 나더러 주여 주여 부르는 목사라고 해서 다 천국에 들어갈 것이 아니요 다만 하늘에 계신 내 아버지의 뜻대로 행하는 자라야 들어가리라 거짓 목사들은 내 아버지의 뜻을 모르니 아버지의 뜻대로 행할 수 없으리라 하나님 아버지의 뜻은 열두 제자 중 하나인 요한이 쓴 요한복음 육장 사십 절에 잘 기록해 두었더라

22 그 날에 많은 거짓목사들이 나더러 이르되 주여 주여 우리가 주의 이름으로 목사의 일을 하며 주의 이름으로 귀신을 쫓아내며 주의 이름으로 많은 기적을 행하지 아니 하였나이까 하리니

23 그 때에 내가 거짓목사들에게 밝히 말하되 "내가 너희를 도무지 알지 못하니 불법을 행하는 자들아 내게서 떠나가라" 하리라

24 그러므로 누구든지 나의 이 말을 듣고 거짓 목사와 참 목사를 구별하여 참 교회에 다니는 자는 그 신앙을 반석 위에 지은 지혜로운 사람 같으니

25 비가 내리고 홍수가 나고 바람이 불듯 여러 문제가 그 인생에 몰려와도 무너지지 아니하리니 이는 신앙을 반석 같은 말씀 위에 세운 까닭이요

26 나의 이 경고를 듣고도 참과 거짓을 구별하지 않는 자는 그 신앙을 모래 위에 지은 어리석은 사람 같으니

27 비가 내리고 홍수가 나고 바람이 불듯 어려운 일이 그 인생에 부딪히면 거짓 목사가 아버지의 뜻을 가르쳐 주지 않아서 아버지의 뜻을 모르니 무너져 내리는 그 무너짐이 심하리라

28 예수께서 이 말씀을 마치시매 무리들이 그 가르치심에 놀라니

29 이는 그 가르치시는 것이 권위 있는 자와 같고 지금까지 보아왔던 그들의 서기관들과 같지 아니함이라

8장

1 예수께서 산에서 내려오시니 수많은 무리가 따르니라

2 이 때 한 나병환자가 예수의 소문을 듣고 나아와 절하며 이르되 주여 원하시면 저를 깨끗하게 하실 수 있나이다 하거늘 어느 누구도 나병이 깨끗하여진 것을 본 일이 없는지라 모두 예수를 주목하여 보는데

3 예수께서 손을 내밀어 그에게 대시며 이르시되 내가 원하노니 깨끗함을 받으라 하시니 즉시 그의 나병이 깨끗하여진지라

4 예수께서 이르시되 삼가 아무에게도 네 나병을 내가 고쳤다고 이르지 말라 바리새인들이 듣게 되면 시기질투로 나를 미워하여 내 하는 일이 방해를 받게 될 것이라 다만 가서 제사장에게 네 몸을 보이고 율법의 절차를 따라서 모세가 명한 예물을 드려 그들에게 네가 건강해졌다는 사실을 입증하고 이제 평안한 삶을 살라 하시니라

5 예수께서 가버나움에 들어가시니 로마의 군대 장교인 한 백부장이 나아와 간구하여

6 이르되 주여 내 하인이 중풍병으로 집에 누워 몹시 괴로워하나이다

7 이르시되 내가 가서 고쳐 주리라

8 백부장이 대답하여 이르되 주여 어떻게 이 부족한 이방 사

람의 집에 들어오시려 하시나이까 너무 영광스런 일이라 나는 감당하지 못하겠사오니 다만 이곳에서 말씀으로 명령만 하옵소서 그러면 내 하인이 낫겠나이다

9 나도 남의 수하에 있는 사람이요 내 아래에도 군사가 있으니 이더러 가라 하면 가고 저더러 오라 하면 오고 내 종더러 이것을 하라 하면 하나이다 하니

10 예수께서 들으시고 이 백부장의 믿음을 놀랍게 여기시면서 따르는 자들에게 이르시되 내가 진실로 너희에게 이르노니 이스라엘 사람들 중에서 조차 이만한 믿음을 보지 못하였노라

11 또 너희에게 이르노니 이스라엘 밖 동서 여러 나라로부터 많은 사람이 이르러 아브라함과 이삭과 야곱과 함께 천국에 앉으려니와

12 이 나라의 본 자손들은 바깥 어두운 지옥불로 쫓겨나 거기서 울며 이를 갈게 되리라 하시면서

13 예수께서 백부장에게 이르시되 가라 네 믿음대로 될 지어다 하시니 그 말씀을 듣고 갈 때 집에서 오는 사람을 만나니 하인이 병이 나았다 하는 고로 그 나은 때가 언제냐 물어보니 주께서 말씀하신 그 때이므로 이에 백부장이 주를 믿으니라

14 예수께서 베드로의 집에 들어가사 그의 장모가 열병으로 앓아누운 것을 보시고

15 그의 손을 만지시니 열병이 떠나가고 여인이 일어나서 예수

께 수종들더라

16 저물매 사람들이 귀신 들린 자를 많이 데리고 예수께 오거
늘 예수께서 말씀으로 귀신들을 쫓아내시고 병든 자들을 다
고치시니

17 이는 선지자 이사야를 통하여 하신 말씀에 **우리의 연약한
것을 친히 담당하시고 병을 짊어지셨도다** 하신 예언의 말씀
을 이루시더라

8 이 때 많은 무리들이 점점 더 몰려왔고 예수께서 무리가 자
기를 에워싸는 것을 보시고 배를 타고 건너편으로 가기를
명하시니라

19 한 서기관이 예수의 소문을 듣고 예수님의 제자가 되고 싶
어서 나아와 예수께 말씀하되 선생님이여 어디로 가시든지
주님을 따르리이다

20 예수께서 이르시되 여우도 굴이 있고 공중의 새도 거처가
있으되 인자는 머리 둘 곳이 없다 하시니 제자가 되고 싶었
던 서기관은 살 집도 없는 예수님을 보고 아무 대답도 못하
고 사람들 뒤로 사라져 보이지 않게 되더라

21 제자 중에 또 한 사람이 아버지가 돌아가셨는데 이에 이르
되 주여 내가 먼저 가서 내 아버지를 장사하게 허락하옵소
서

22 예수께서 이르시되 하나님의 아들을 모르는 마음이 죽은 자
들이 그 육신이 죽은 자를 장사하게 하고 너는 나를 따르라

하시니라

23 배에 오르시매 제자들이 따랐더니

24 바다에 큰 파도가 일어나 물결이 배에 덮이게 되었으되 예
수께서는 그 속에서 주무시는지라

25 더욱 위급해지므로 견디다 못하여 제자들이 나아와 깨우며
가로되 주여 구원하소서 우리가 죽게 되었나이다

26 예수께서 이르시되 어찌하여 무서워하느냐 믿음이 작은 자
들아 하시고 곧 일어나사 바람과 바다를 꾸짖으시니 아주
잔잔하게 되거늘

27 그 사람들이 놀랍게 여겨 이르되 이 분이 어떠한 사람이기
에 바람과 바다도 순종하는가 하니 이로써 예수께서 하나님
의 아들이심을 제자들이 점점 알아가게 되더라

28 또 예수께서 건너편 가다라 지방에 가시매 귀신 들린 자 둘
이 무덤 사이에서 나와 예수를 만나니 그들은 몹시 사나워
서 아무도 그 길로 지나갈 수 없었더라
그 사람은 무덤 사이에 거처하는데 이제는 아무도 쇠사슬로
도 맬 수 없게 되었는데 이는 여러 번 쇠고랑과 쇠사슬에 매
였음에도 귀신의 힘으로 쇠사슬과 쇠고랑을 깨뜨렸음이라.
그리하여 이제는 아무도 그를 제어할 힘이 없는지라 밤낮
무덤 사이에서나 산에서나 늘 소리 지르며 돌로 자기의 몸
을 상하게 하며 살고 있었더라

29 이에 그들이 멀리서 예수를 보고 달려와 절을 하며 소리 질

러 이르되 하나님의 아들이여 우리가 당신과 무슨 상관이
있나이까 아직 마지막 때가 이르지도 아니하였는데 우리를
붙잡아 불못에 넣어 괴롭게 하려고 여기 오셨나이까 하니
예수께서 이미 그 귀신들에게 그 사람의 몸에서 나오라 꾸
짖었기에 귀신들이 달려와서 그렇게 말하였더라

30 마침 멀리서 많은 돼지떼가 먹고 있는지라

31 귀신들이 예수께 간구하여 이르되 만일 우리를 쫓아내시려
면 저 돼지떼에게 들여보내주소서 하니

32 그들에게 가라 하시니 더러운 귀신들이 나와서 돼지에게로
들어가매 거의 이천 마리나 되는 떼가 바다를 향하여 미친
듯이 비탈로 내리 달려 바다에 몰사하거늘

33 돼지를 치던 자들이 무서워 도망하여 읍내와 여러 마을에
있는 돼지 주인들에게 말하니 사람들이 어떻게 되었는지 보
러 와서 예수께 이르니 그 귀신 들렸던 자가 옷을 입고 정신
이 온전하여 앉은 것을 보고 예수를 두려워하더라

34 이에 귀신 들렸던 자에게 일어난 일과 돼지의 일을 봤으므
로 그 지방 사람들이 예수로 인해 그 고을에 더 손해가 날까
하여 그 지방에서 떠나시기를 간구하더라

9장

1 예수께서 배에 오르사 건너가 주로 거주하시며 지냈던 가버
나움 본 동네에 이르시니 집에 계시다는 소문이 또 퍼져나
간지라

2 많은 사람이 모여서 문 앞까지도 들어설 자리가 없게 되었
는데 예수께서 그들에게 진리를 말씀하시더니 침상에 누운
중풍병자를 네 사람이 어깨에 메어 왔으나 많은 둘러싼 무
리들 때문에 예수께 데려갈 수 없으므로 뒤로 돌아 지붕으
로 올라가 그 계신 곳의 지붕을 뜯어 구멍을 내고 중풍병자
의 누운 상을 달아내리니 예수께서 그들의 믿음을 보시고
감탄하사 중풍병자에게 이르시되 작은 자야 안심하라 네 죄
사함을 받았느니라 하시니

3 거기 앉아 있던 어떤 서기관들이 속으로 이르되 이 사람이
어찌 이런 말을 할 수 있단 말인가 신성 모독이로다 오직 하
나님 한 분 외에는 누가 능히 죄를 사하겠느냐 자기가 하나
님이라도 된단 말인가 하며 예수를 괘씸하게 생각하고 있을
때에

4 예수께서 그 생각을 아시고 이르시되 너희가 어찌하여 마음
에 악한 생각을 하느냐

5 네 죄 사함을 받았느니라 하는 말과 일어나 걸어가라 하는
말 중에 어느 것이 쉽겠느냐 몸을 움직이지 못하는 사람에

게 일어나 걸어가라 하는 말이 얼마나 어렵겠느냐 그러나 내가 죄사함 받았느니라 하는 쉬워 보이는 말을 먼저 한 것은

6 인자가 세상에서 죄를 사하는 권능이 있는 줄을 너희에게 알려주고자 죄 사함 받았노라는 말을 먼저 하였노라 하시고 중풍병자에게 말씀하시되 일어나 네 침상을 가지고 집으로 가라 하시니

7 그 중풍병자가 즉시로 모든 사람 앞에서 일어나더니 자기가 누워서 왔던 침상을 이제는 자기 손으로 들고 나가거늘

8 그들이 다 놀라 하나님께 영광을 돌리며 이르되 우리가 이런 큰일을 도무지 보지 못하였다 하며 무리가 보고 두려워하여 이런 권능을 사람에게 주신 하나님께 영광을 돌리니 이는 그들이 예수가 누구인줄 알지 못하더라

9 예수께서 그 곳을 떠나 지나가시다가 마태라 하는 사람이 세관에 앉아 있는 것을 보시고 이르시되 나를 따르라 하시니 일어나 따르니라. 마태의 하는 일이 세리였으므로 모든 사람에게 죄인 취급 받으며 미움을 받는 사람이더라

10 예수께서 마태의 집에서 앉아 음식을 잡수실 때에 많은 세리와 죄인들이 와서 예수와 그의 제자들과 함께 앉았더니

11 바리새인들이 보고 그의 제자들에게 이르되 어찌하여 너희 선생은 세리와 죄인들과 함께 잡수시느냐 하며 비난을 하니

12 예수께서 들으시고 이르시되 건강한 자에게는 의사가 쓸 데

없고 병든 자에게라야 쓸 데 있느니라 너희는 자칭 참 거룩
도 하니 너희에게는 내가 필요 없고 여기 연약한 죄인들은
나를 필요로 하는 구나

13 너희는 가서 내가 긍휼을 원하고 제사를 원치 아니하노라
하신 뜻이 무엇인지 배우라 나는 의인을 부르러 온 것이 아
니요 죄인을 부르러 왔노라 하시니라. 이들 바리새인들은
안식일과 온갖 기념일은 꼬박꼬박 지키면서 그렇지 못한 사
람들을 무시하고 또 불쌍한 사람을 긍휼히 여기는 행위는
전혀 없더라. 그러므로 하나님께서 내가 긍휼을 원하고 제
사를 원치 아니하노라 하셨더라

14 그 때에 요한의 제자들이 예수께 나아와 우리와 바리새인들
은 금식기도를 하는데 어찌하여 당신의 제자들은 금식하지
아니하나이까 하고 물으니

15 예수께서 그들에게 이르시되 혼인집 손님들이 신랑과 함께
있을 동안에 슬퍼할 수 있겠느냐 그처럼 내 제자들이 나와
함께 있을 때는 혼인집 손님처럼 기뻐해야지 슬퍼하며 금식
기도 할 필요가 없느니라 그러나 신랑을 빼앗길 날이 이르
리니 그 때에는 금식할 것이니라

16 생베 조각을 낡은 옷에 붙이는 자가 없나니 이는 기운 생베
조각이 그 낡은 옷을 당기어 해어짐이 더욱 심하게 됨이요

17 새 포도주를 낡은 가죽 부대에 넣지 아니하나니 그렇게 하
면 새 포도주로 인하여 부대가 터져 포도주도 쏟아지고 부

대도 버리게 됨이라 새 포도주는 새 부대에 넣어야 둘 다 보전되느니라 이 말씀은 예전에 해 왔던 옛날 전통을 따르지 말고 예수께로부터 새롭게 배워 새로운 믿음을 가지라는 뜻이더라

18 예수께서 이 말씀을 하실 때에 회당장 야이로라 하는 이가 와서 예수의 발 앞에 엎드려 절하며 간곡히 구하여 이르되 내 딸이 죽게 되었사오니 오셔서 그 몸에 손을 얹어 주소서 그러면 살겠나이다

19 이에 예수께서 일어나 그를 따라가시매 제자들도 가더니 큰 무리도 따라가게 되니 서로 에워싸 밀며 가게 되더라

20 열두 해를 혈루증으로 인하여 하혈하며 고통 중에 있던 한 여자가 있어 많은 의사에게 고침 받는 중에 많은 괴로움을 받았고 이제는 가진 것도 의사들에게 다 허비하였으되 아무 효험이 없고 도리어 더 중하였던 차에 예수의 소문을 들은지라 무리 가운데 끼어 한 사람씩 헤치고 예수의 뒤로 와서 그의 옷 가에 손을 대니

21 이는 '내가 그의 겉옷에만 손을 대어도 내 병이 고쳐지리라' 하는 간절한 생각 때문이라. 그러자 예수님의 겉 옷자락에 손을 댄 즉시로 그 여자의 혈루 근원이 곧 마른 것을 그 몸에 깨달으니라

예수께서 그 능력이 자기에게서 나간 줄을 곧 스스로 아시고 무리 가운데서 돌이켜 말씀하시되 누가 내 옷에 손을 대

었느냐 하시니 제자들이 여짜오되 무리가 에워싸 미는 것을 보시며 누가 내게 손을 대었느냐 물으시나이까 손 댄 이가 한둘이 아니니이다 하되 예수께서 아니라 내게서 능력이 나갔느니라 하시며 이 일 행한 여자를 찾아서 둘러보시니 여자가 자기에게 이루어진 일을 알고 숨었으나 두려워 떨며 와서 그 앞에 엎드려 이 모든 사실을 여쭈니

22 예수께서 돌이켜 그를 보시며 이르시되 딸아 네 믿음이 너를 구원하였으니 평안히 가라 네 병에서 놓여 건강할지어다 하시니 즉시로 그 여자가 회복되었더라

23 아직 예수께서 무리와 말씀하시는 중에 회당장의 집에서부터 사람들이 찾아와 회당장에게 이르되 당신의 딸이 죽었나이다 이제 그만 선생을 돌려보내소서 어찌하여 선생을 더 괴롭게 하나이까 하니 예수께서 그 하는 말을 곁에서 들으시고 회당장에게 이르시되 두려워하지 말고 믿기만 하라 하시고 베드로와 야고보와 야고보의 형제 요한 외에 아무도 따라옴을 허락하지 아니하시고 회당장의 집에 함께 가시니 아이가 죽었으므로 떠드는 소리와 사람들이 울며 심히 통곡함을 보시고

24 들어가서 그들에게 이르시되 너희가 어찌하여 떠들며 우느냐 이 아이가 죽은 것이 아니라 잔다 하시니 그들이 이미 아이가 죽은 줄 아는 고로 예수를 비웃더라

25 예수께서 그들을 다 내보내신 후에 아이의 부모와 또 베드

로와 야고보와 요한과 함께 아이 있는 곳에 들어가사 그 아이의 손을 잡고 이르시되 달리다굼 하시니 번역하면 곧 내가 네게 말하노니 소녀야 일어나라 하심이라

소녀가 곧 일어나서 걸으니 나이가 열두 살이라. 사람들이 곧 크게 놀라고 놀라거늘 예수께서 죽은 소녀를 다시 살리신 이 일을 아무도 알지 못하게 하라고 그들에게 많이 당부하시고 이에 소녀에게 먹을 것을 주라 하시니라

26 그러나 죽은 소녀를 예수께서 살리셨다는 소문이 그 온 땅에 퍼지더라

이에 사람들은 점점 더 예수를 따르게 되고 바리새인들은 점점 더 예수를 미워하게 되었더라

27 예수께서 거기에서 떠나가실 새 두 맹인이 따라오며 소리질러 이르되 다윗의 자손이여 우리를 불쌍히 여기소서 하더라. 이스라엘 사람들은 구원자가 다윗의 자손에서 난다고 율법과 선지자들을 통하여 알고 있었기에 예수를 보면 다윗의 자손이여라고 외치더라

28 예수께서 맹인의 외침을 돌아보지 않으시고 집에 들어가시매 맹인들이 포기하지 않고 예수께 나아오거늘 예수께서 이르시되 내가 능히 이 일을 할 줄로 믿느냐 대답하되 주여 그러하오이다 하니

29 이에 예수께서 그들의 눈을 만지시며 이르시되 너희 믿음대로 되라 하시니

30 그 맹인들의 눈이 열려 밝아진지라 그들이 너무 기뻐함으로 소리치고 주변 사람들도 함성을 지르니 예수께서 바리새인과 서기관들을 염두에 두시고 엄히 경고하사 삼가 아무에게도 알리지 말라 하셨으나

31 그들이 나가서 예수의 소문을 그 온 땅에 퍼뜨리니라

32 그들이 나갈 때에 이번에는 귀신 들려 말 못하는 사람을 예수께 데려오니

33 귀신이 쫓겨나고 말 못하는 사람이 말하거늘 무리가 놀랍게 여겨 이르되 이스라엘 가운데서 이런 일을 본 적이 없다 하고 크게 놀라워하되

34 바리새인들은 이르되 그가 귀신의 왕을 의지하여 귀신을 쫓아내는 것이리라 그렇지 아니하면 무슨 권능으로 귀신을 쫓아낸단 말인가 하더라

35 그 비웃음과 무시에도 불구하고 예수께서는 모든 도시와 마을에 두루 다니시며 그 마을들의 회당에서 가르치시며 천국 가는 길을 전파하시며 모든 병과 모든 약한 것을 고치시니라

36 이 때 수많은 무리를 보시고 불쌍히 여기시니 이는 하나님의 아들을 몰라 지옥으로 향하는 것이 마치 목자 없는 양같이 생명 길을 몰라 고생하며 기진함이라

37 이에 제자들에게 이르시되 추수할 것은 많되 일꾼이 적으니

38 그러므로 추수하는 주인에게 청하여 추수할 일꾼들을 보내

어 주소서 하라 하시니라. 이는 천국으로 거둬야 할 영혼들
이 많으나 천국 갈 길을 안내하는 일꾼은 적다는 뜻으로 하
신 말씀이었더라

10장

1 이제 제자들이 어느덧 예수님께 많이 배워 믿음이 점점 더 깊어졌으므로 예수께서 그의 열두 제자를 부르사 더러운 귀신을 쫓아내며 모든 병과 모든 약한 것을 고치는 권능을 주시니라

2 열두 사도의 이름은 이러하니 베드로라 하는 시몬을 비롯하여 그의 형제 안드레와 세베대의 아들 야고보와 그의 형제 요한

3 빌립과 바돌로매, 도마와 이 글을 쓴 세리 마태, 알패오의 아들 야고보와 다대오

4 가나안인 시몬 및 가룟 유다라. 이 유다는 후에 돈을 받고 바리새인들에게 예수를 팔게 될 자더라

5 예수께서 이 열 둘을 내보내시며 명하여 이르시되 이방인의 길로도 가지 말고 사마리아인의 고을에도 들어가지 말고

6 오직 이스라엘 집의 잃어버린 양에게로 가라 하시더라
이방인과 사마리아 사람들은 아직 하나님과 예수에 대하여 많이 무지하고 그 마음이 닫혀 있으므로 제자들의 수고만큼 열매를 얻기 어려우니 먼저 이스라엘에서 많은 열매를 거둔 후에 순차적으로 전파하라는 뜻으로 말씀하셨더라

7 가면서 전파하여 말하되 "천국이 가까이 왔다 그러니 돌아서라 회개하라" 말하고

8 병든 자를 고치며 죽은 자를 살리며 나병환자를 깨끗하게 하며 귀신을 쫓아내되 너희가 그런 능력을 나로부터 거저 받았으니 대가 없이 거저 주어라

9 하나님의 아들을 전하는 너희는 먹고 살 걱정을 하면서 돈 주머니에 금이나 은이나 동을 미리 준비할 필요가 없느니라

10 전도를 위하여 배낭이나 두 벌 옷이나 신이나 지팡이를 가지지 말라 너희가 준비 안 해도 너희에게 필요한 것들이 생기리라 이는 일꾼이 자기의 먹을 것 받는 것이 마땅함과 같음이니라 너희는 하나님의 일꾼이니라

11 어떤 성이나 마을에 들어가든지 그 중에 너희를 도와주며 받아주는 합당한 자를 찾아내어 너희가 다른 마을로 떠나기까지 그 집에서 머물며 도움을 받으라

12 또 그 집에 들어가면서 평안하기를 빌라

13 그 집이 복을 받기에 합당하면 너희 빈 평안이 거기 임할 것이요 만일 복을 받기에 합당한 주인이 아니면 그 빌어준 평안이 너희에게 돌아올 것이니라

14 누구든지 하나님의 아들을 전하는 너희를 영접하지도 아니하고 너희 말을 듣지도 아니하거든 그 집이나 성에서 나가 너희 발의 먼지를 떨어버리라

15 내가 진실로 너희에게 이르노니 심판 날에 소돔과 고모라 땅이 그 성보다 견디기 쉬우리라

소돔과 고모라 땅은 동성연애로 너무나 타락하여 더 이상

그 죄를 돌이킬 수 없었으므로 하나님이 불과 유황으로 엎어버리셨더라. 그러나 그 죄 보다도 더 나쁜 죄는 우리를 위하여 이 땅에 내려 보내신 하나님 아들의 희생을 무시하는 죄더라

16 보라 내가 너희를 전도하러 보냄이 양을 이리 가운데로 보냄과 같도다 그러므로 너희는 뱀 같이 지혜롭게 움직이며 비둘기 같이 순결한 방법을 사용하라

17 사람들을 주의하라 그들이 너희를 붙잡아 가겠고 그들의 회당에서 채찍질하리라

18 또 너희가 나로 말미암아 총독들과 임금들 앞에도 끌려가게 되리니 이런 일이 생기는 이유는 그들과 이방인들에게 예수를 전할 기회가 되게 하려 하심이라

19 너희를 넘겨 줄 때에 무슨 말을 어떻게 할까 염려하지 말라 그 때에 너희에게 할 말을 주시리니

20 말하는 이는 너희가 아니라 너희 속에서 말씀하시는 이 곧 너희 아버지의 성령이시라 그가 그 순간에 너희 속에서 할 말이 떠오르게 하시리라

21 장차 예수 안 믿는 형제가 예수 믿는 형제를, 아비가 예수 믿는 자식을 죽는 데에 내주며 자식들도 예수 믿는 부모를 대적하여 죽게 하리라

22 또 너희가 내 이름으로 말미암아 모든 사람에게 미움을 받을 것이나 나중까지 견디는 자는 구원의 결과를 보리라

23 이 동네에서 너희를 박해하거든 저 동네로 피하라 내가 진실로 너희에게 이르노니 이스라엘의 모든 동네를 다 다니지 못할 만큼 인자가 속히 오리라 곧 다시 속히 와서 믿는 너희를 아버지가 있는 곳으로 데려가리라

24 제자가 그 선생보다 또는 종이 그 상전보다 높을 수 없지 않느냐

25 제자가 뛰어나도 그 선생 같고 종이 뛰어나도 그 상전 같으니 두려울 것이 무엇이랴 집 주인이 귀신의 왕 바알세불이라면 하물며 그 집 사람들이랴 하나님의 아들은 모든 귀신을 물리치지 아니하느냐 그러니 귀신을 섬기는 그 사람들을 두려워할 일이 무엇이랴

26 그런즉 그들을 두려워하지 말라 감추인 것이 드러나지 않을 것이 없고 숨은 것이 알려지지 않을 것이 없느니라 마침내 그들은 마귀의 아들들이요 나는 하나님의 아들인 것이 다 드러나게 되리라

27 내가 너희에게 어두운 데서 이르는 이것을 광명한 데서 드러내놓고 말하며 너희가 지금은 귓속말로 전해 듣는 이것을 집 위에서 당당하게 전파하게 되리라

28 몸은 죽일 수 있을지라도 영혼은 능히 죽이지 못하는 자들을 두려워하지 말고 오직 몸과 영혼을 능히 지옥에 멸하실 수 있는 이를 두려워하라

29 참새 두 마리가 한 앗사리온에 팔리지 않느냐 그러나 너희

아버지께서 허락하지 아니하시면 그 하나도 땅에 떨어지지 아니하리라

30 너희에게는 머리털까지 다 세신 바 되었나니

31 그러므로 두려워하지 말라 너희는 저 많은 참새보다 귀하니라

32 누구든지 사람 앞에서 나를 시인하면 나도 하늘에 계신 내 아버지 앞에서 그를 시인할 것이요

33 누구든지 사람 앞에서 나를 부인하면 나도 하늘에 계신 내 아버지 앞에서 그를 부인하리라

34 내가 세상에 화평을 주러온 줄 생각하지 말라 화평이 아니요 검을 주러 왔노라 하나님의 아들로 인하여 불화가 있으리라

35 내가 온 것으로 인하여 누구는 믿고 누구는 믿지 않으므로 아들이 그 아버지와 딸이 어머니와 며느리가 시어머니와 불화하는 일이 있으리라

36 사람의 원수가 자기 집안 식구리라

37 아버지나 어머니를 나보다 더 사랑하여 나를 섬기는 일에 방해 받는 자는 제자로서 합당하지 아니하고 아들이나 딸을 나보다 더 사랑하느라 나를 따르는 일에 방해를 받는 자도 합당하지 아니하도다

38 또 자기 십자가를 지고 나를 따르지 않는 자도 내게 합당하지 아니하니라 자기 십자가를 진다는 것은 자기가 하고 싶

은 것을 다 하면서 세상에서 누리고 싶은 것들을 다 누리면서 하나님 일을 할 수 없다는 뜻이라. 그러므로 세상의 것들을 누리고 싶은 욕심을 십자가에 못 박아 죽이고 나를 따르라 그렇지 않는 자는 나의 하는 일에 합당하지 아니하니라

39 자기 목숨을 얻는 자는 잃을 것이요 나를 위하여 자기 목숨을 잃는 자는 얻으리라 자기 것을 잃지 않으려는 자는 하나님의 아들을 잃게 될 것이요 나를 위하여 자기 것을 잃는 자는 오히려 하나님의 아들을 얻으리라

40 나를 전하는 너희를 영접하는 자는 나를 영접하는 것이요 나를 영접하는 자는 나를 이 땅에 내려 보내신 하나님 아버지를 영접하는 것이 되리라

41 너희를 선지자로 대접하며 도와주는 자는 선지자의 상을 받게 될 것이요 너희를 의인으로 대접하며 도와주는 자는 의인의 상을 받을 것이요

42 또 누구든지 너희를 예수의 제자라는 이유로 냉수 한 그릇이라도 주는 자는 내가 진실로 너희에게 이르노니 그 사람이 결단코 상을 잃지 아니하리라 하시니라

11장

1 예수께서 열두 제자에게 명하기를 마치시고 이에 그들의 여러 동네에서 가르치시며 전도하시려고 거기를 떠나가시니라

2 이 때 침례요한이 옥에서 그리스도께서 하신 일을 듣고 예수께 자기의 제자들을 보냈더라

헤롯이 침례요한을 감옥에 넣었더라. 헤롯이 자기 동생 빌립의 아내를 빼앗아 부인을 삼은 일로 침례요한이 말하기를 "당신이 그 여자를 차지하는 것이 옳지 않다" 하였기에 괘씸하여 침례요한을 감옥에 넣었더라. 이 침례요한은 전에 예수께 침례를 베풀었고 또 사람들에게는 이 예수에 대하여 말하기를 "보라 하나님의 아들이라 보라 당신들의 죄를 짊어지고 가는 하나님의 어린 양이라" 소개하였더라. 침례요한이 예수를 가리켜 하나님의 어린 양이라 소개한 것은 예수 이전시대에는 일 년에 한 번씩 대 제사장이 이스라엘의 명절 때 깨끗한 양을 준비하여 백성의 모든 죄를 그 양에게 옮기는 안수를 하니 이로 그 양은 모든 사람의 죄를 짊어지게 되었고 죄를 짊어진 그 어린 양을 잡아서 피를 흘려 하나님께 제물로 드리며 용서를 구하였더라. 이런 제사를 드리게 된 것은 하나님께서 장차 예수 그리스도를 통하여 하실 일을 미리 보여주시는 모형으로써 이런 제사를 드리라 하셨

더라. 이 땅에 하나님의 아들을 내려 보내서 그에게 우리의 죄를 대신 짊어지도록 하셨으매 그리하여 하나님의 아들 예수는 우리 대신 죄인이 되었으므로 우리 대신 사형의 형벌을 받게 되었더라. 그러므로 예수를 "당신들의 죄를 짊어지고 가는 하나님의 어린양이라" 소개하였더라. 이 말을 이해하는 사람도 있고 이해하지 못하는 사람도 있더라

3 이러 하였던 침례요한이 감옥에서 제자들을 예수께 보내어 여짜오되 그리스도가 오신다고 했는데 오실 그 이가 당신이 오니이까 우리가 다른 이를 기다리오리이까 하고 물으니 이것은 침례요한이 감옥에 갇힌 지 오래 되어 예수의 하시는 일을 못 보고 그 말씀을 못 들으므로 예수가 누군지 확실히 알지 못하여 이렇게 물어왔더라. 이 세상 그 누구든지 말씀을 못 듣게 되면 믿음이 떨어지더라

4 예수께서 침례요한의 제자들에게 대답하여 이르시되 너희가 가서 보고 들은 것을 요한에게 알리라

5 나로 인하여 맹인이 보며 날 때부터 앉은뱅이가 걸으며 나병환자가 깨끗함을 받으며 못 듣는 귀머거리가 들으며 죽은자도 살아나며 가난한 자에게 천국 갈 수 있는 좋은 소식을 말씀하시더라고 전하여라

6 누구든지 이런 나의 능력을 볼 때에 내가 하나님의 아들인줄 알게 된 그는 복 있는 자라 그는 영생을 이미 얻은 자니라 하시니라

7 이에 침례요한의 제자들이 떠나매 예수께서 무리에게 침례
요한에 대하여 말씀하시되 너희가 무엇을 보려고 광야에 나
갔더냐 바람에 흔들리는 갈대냐

8 그러면 너희가 무엇을 보려고 나갔더냐 부드러운 옷 입은
사람이냐 부드러운 옷 입은 사람들은 왕궁에 있느니라

9 그러면 너희가 어찌하여 나갔더냐 선지자를 보기 위함이었
더냐 옳도다 내가 너희에게 이르노니 침례요한은 지금까지
의 그 어떤 선지자보다도 더 나은 자니라

10 성경에 기록된바 **보라 내가 나의 사자를 너 보다 먼저 보내
노니 그가 너보다 앞서서 네 길을 준비하리라** 하신 것이 이
사람에 대한 말씀이니라 하시니라
이 침례요한은 예수를 사람들에게 알리라고 예수 앞서 하나
님이 보내신 하나님의 선지자였더라

11 내가 진실로 너희에게 말하노니 여자가 낳은 자 중에 침례
요한보다 더 큰 이가 일어남이 없었도다 요한만큼 자기 일
에 충실한 자는 없었도다 그러나 이 땅에서 아무리 큰 자라
할지라도 천국에서는 극히 작은 자만 못하니라

12 침례요한의 때부터 지금까지 천국 가는 길이 방해를 받았으
니 방해하는 자는 천국을 가고자 하는 그 생명을 빼앗느니
라

13 모든 선지자와 율법이 예언한 것은 침례요한 때까지니 침례
요한 이후로는 율법을 행하여 의인이 되는 것이 아니요 하

나님의 아들을 믿어서 의인으로 인정되리라 그러므로 율법을 지켜서 의롭게 되려던 시대는 침례요한 때까지요 그 이후부터는 하나님의 아들을 믿어야 의로움을 입어 천국 갈 자격을 얻는 시대라 하시더라

14 만일 너희가 내 말을 기꺼이 받아들일 지식이 있다면 **오리라 한 엘리야가 곧 이 사람을 두고 하는 말이니라 엘리야는 예수 이전에 살았던 매우 큰 능력의 선지자였더라. 즉 침례요한은 매우 큰 선지자라는 뜻이었더라**

15 귀 있는 자는 들을지어다

16 세상 사람들을 무엇으로 비유할꼬 비유컨대 아이들이 장터에 앉아 동무를 불러

17 이르되 우리가 너희를 향하여 피리를 불리니 너희는 춤추어라 하여도 너희가 춤추지 않고 우리가 슬피 우는 놀이를 하리니 너희는 가슴을 쳐라 하여도 너희가 가슴을 치지 아니한 것처럼 이렇게 하여도 거절하고 저렇게 하여도 받아들이지 않는구나

18 요한이 와서 먹지도 않고 마시지도 않으면서 하나님의 일을 열심히 하매 바리새인들이 말하기를 귀신이 들렸다 하더니

19 인자는 와서 먹고 마시매 이번에는 말하기를 보라 먹기를 탐하고 포도주를 즐기는 사람이요 세리와 죄인의 친구로다 하는 도다 안 먹으니 귀신들렸다 하고 먹으니 탐하는 자라고 하니 너희를 지혜롭다 할 수 없노라 그 행하는 일을 보면

지혜로운지 아닌지 알 수 있느니라 지혜는 그 행하는 일로 인하여 옳다 함을 얻느니라

20 예수께서 많은 병을 고치시며 권능을 가장 많이 베푸신 고을들이 하나님의 아들의 권능을 보고도 가장 회개하지 아니하므로 그 때에 책망하시되

21 화 있으리로다 고라신아 화 있으리로다 벳새다야 너희에게서 행한 모든 기적과 권능을 이방 나라 두로와 시돈 사람들이 봤더라면 그들은 하나님의 아들이 자신들의 마을에 임하셨다 하며 놀라서 벌써 베옷을 입고 잿더미에 앉아 회개하였으리라

22 내가 너희에게 이르노니 심판 날에 두로와 시돈이 너희보다 벌이 가벼우리라

23 가버나움아 네가 하늘에까지 높아지겠느냐 마귀 자리까지 낮아지리라 네게 행한 모든 권능을 소돔에서 행하였더라면 그 마을이 회개하여 오늘까지 있었으리라

24 내가 너희에게 이르노니 심판 날에 소돔 땅이 너희보다 가벼운 벌을 받으리라

25 그 때에 예수께서 하나님께 기도하여 이르시되 천지의 주인이신 아버지여 내가 하나님의 아들인 것을 자칭 지혜롭고 슬기로운 자들에게는 숨기시고 어린 아이 같이 순수하게 받아들이는 사람들에게는 나타내심을 감사하나이다

26 옳소이다 자신을 지혜롭게 생각하여 하나님의 아들을 이렇

다 저렇다 비판하는 자들에게는 나의 가르침과 행하는 능력을 보여줘도 내가 하나님의 아들이라는 사실이 보이지 않게 되나니 이것은 아버지의 뜻이니이다

27 아버지의 모든 능력을 내게 주셨으니 아버지만 아들을 알고 계시고 하나님이 내 아버지라는 사실 또한 아들만 알며 또 아는 사람이 있다면 그것은 아들의 소원대로 계시를 받는 자들이라 그 외에는 하나님이 나의 아버지라는 것을 아는 자가 없느니라

28 사망이 두렵고 인생이 허무하며 수고하고 무거운 여러 짐을 진 자들아 다 내게로 오라 내가 너희 짐을 벗겨내어 쉬게 하리라

29 나는 하나님 앞에 마음이 온유하고 겸손하니 이 멍에를 메고 내게 배우라 너희도 하나님 말씀 앞에서 온유하고 겸손하게 받아들여라 그리하면 너희 무거운 마음, 인생의 허무한 마음, 온갖 세상 짐, 죄의 짐이 벗겨지므로 마음에 쉼을 얻으리니

30 말씀 앞에 온유하고 겸손한 나의 이 멍에가 너희 세상 짐 보다 더 가벼우니 이 멍에를 메라 하시니라. 그러나 말씀을 온유하고 겸손하게 믿는 이 가벼운 멍에 보다는 세상 멍에, 사망의 무거운 멍에를 계속 지고 가는 미련한 사람들이 더 많더라

12장

1 그 때에 예수께서 안식일에 밀밭 사이로 가실 때 제자들이
   시장하여 이삭을 잘라 먹으니

2 바리새인들이 보고 예수께 말하되 보시요 안식일에는 아무
   것도 하지 않고 예배만 드려야 하는데 당신의 제자들이 안
   식일에 해서는 안 될 일을 하나이다

3 예수께서 이르시되 다윗이 자기와 그 따르는 자들이 시장할
   때에 한 일을 성경에서 읽지 못하였느냐

4 그가 너무나 시장하여 기진할 때에 하나님의 성전에 들어가
   서 제사장만 먹을 수 있고 그 외에는 자기나 그 함께한 자들
   이 먹어서는 안 되는 차려진 하나님의 제사떡을 먹지 아니
   하였느냐

5 또 안식일에 제사장들이 성전 안에서 분주하게 일하여 안식
   을 범하게 되어도 죄가 되지 않음을 너희가 율법에서 읽지
   못하였느냐

6 내가 너희에게 이르노니 성전보다 더 큰 이가 여기 있느니
   라 하시니 성전보다 더 큰 이는 예수 자신을 가리킴이었더
   라. 하나님의 아들이시니 당연히 성전보다 더 큰 이였음에
   도 저들은 알아보지 못하더라

7 나는 자비를 원하고 제사를 원하지 아니하노라 하신 성경말
   씀의 뜻을 너희가 알았더라면 무죄한 나의 제자들을 정죄하

지 아니하였으리라

8 인자는 안식일의 주인이니라 하시니라

인자가 안식일의 주인인 까닭은 사람들이 안식일에 하나님
께 예배를 드리니 당연히 하나님의 아들이 안식일의 주인이
었더라. 그러나 저들은 예수께서 예배 받아야 할 하나님의
아들인 줄 모르더라

9 거기에서 떠나 그들의 회당에 들어가시니

10 한쪽 손이 마른 사람이 있는지라 사람들이 예수가 안식일에
병을 고치는가 지켜보니 이는 예수를 고발하려 함이더라.
이에 나쁜 계획을 마음에 품고 예수께 물어 이르되 안식일
에 병 고치는 것이 옳으니이까 하니

11 예수께서 그들의 마음을 아시고 이르시되 너희 중에 어떤
사람이 양 한 마리가 있는데 그 양이 안식일에 구덩이에 빠
졌으면 끌어내지 않겠느냐

12 양도 안식일에 건져 살려내는데 하물며 사람이 양보다 얼마
나 더 귀하냐 그러므로 안식일에 이 사람에게 선을 행하는
것이 옳으니라 하시고

13 이에 그 사람에게 이르시되 손을 내밀라 말씀하실 때 그가
순종하여 마른 손을 내밀매 다른 손과 같이 근육이 오르고
살이 오르며 펴져 회복되어 성하더라

14 바리새인들이 매우 분을 내며 나가서 어떤 방법으로 예수를
죽일까 의논하거늘

15 예수께서 아시고 거기를 피하여 떠나가시니 많은 사람이 따르는지라 예수께서 그들의 병을 다 고치시고

16 자기를 나타내지 말라 경고하셨으니

17 이는 선지자 이사야를 통하여 말씀하신 바

18 보라 내가 택한 종 곧 내 마음에 기뻐하는 바 내가 사랑하는 자로다 내가 나의 성령을 그에게 줄 터이니 그가 이 세상이 심판받게 될 것을 이방 사람들에게 알게 하리라

19 그는 다투지도 아니하며 들레지도 아니하리니 아무도 길에서 그 소리를 듣지 못하리라

20 상하여 상품가치 없는 갈대도 꺾지 아니하며 다 타서 얼마 남지 않은 꺼져가는 심지도 끄지 아니하기를 심판하여 이길 때까지 기다려주고 인내하리니

21 그러므로 또한 이방사람들이 예수의 이름을 믿고 바라리라 하신 말씀대로 예수께서 행하시더라

22 그 때에 귀신 들려 눈 멀고 말 못하는 사람을 데리고 왔거늘 예수께서 고쳐주시매 그 말 못하는 사람이 말하며 보게 된지라

23 무리가 다 놀라 이르되 이는 다윗의 자손이 아니냐 하니

24 바리새인들은 듣고 이르되 이가 귀신의 왕 바알세불을 힘입지 않고는 귀신을 쫓아내지 못하느니라 하거늘

25 예수께서 그들의 생각을 아시고 이르시되 스스로 분쟁하여 내전을 일으키는 나라마다 황폐하여질 것이요 스스로 분쟁

하는 동네나 집마다 서지 못하니라

26 사탄이 만일 사탄을 쫓아내면 스스로 분쟁하는 꼴이니 그렇게 해서야 어떻게 사탄의 나라가 서겠느냐 그러니 내가 바알세불을 힘입어 귀신을 쫓아낸다는 너희 말이 맞는 말인가 생각하여 보라

27 내가 바알세불을 힘입어 귀신을 쫓아낸다고 말하니 너희 바리새인의 아들들 중에서도 귀신을 쫓아내는 사람이 있는데 그렇다면 그들은 누구를 힘입어 귀신을 쫓아낸단 말이냐 그들도 바알세불을 힘입어 귀신을 쫓아내는 것이냐 그러므로 그들이 너희의 재판관이 되어 너희를 꾸짖으리라

28 그러나 내가 하나님의 성령을 힘입어 귀신을 쫓아내는 것이라면 하나님의 나라가 이미 임한 것이 아니냐

29 사람이 먼저 강한 자를 결박하지 않고서야 어떻게 그 강한 자의 집에 들어가 그 세간을 강탈하겠느냐 강한 자를 결박한 후에야 그 집을 강탈할 수 있지 않겠느냐 이와 같이 내가 귀신을 쫓아내는 것은 내가 귀신의 왕 바알세불도 묶을 수 있으니 그 나머지 귀신들도 쫓아내는 것이 가능하니라 예수는 하나님의 아들이니 귀신의 왕도 예수를 무서워하였더라

30 나와 함께 아니하는 자는 나를 반대하는 자요 나와 함께 모으지 아니하는 자는 흩어지게 하는 자니라

31 그러므로 내가 너희에게 이르노니 사람에게 짓는 모든 죄와 모독은 사하심을 얻되 성령께서 하시는 일을 보고도 성령을

모독하는 자는 사하심을 얻지 못하겠고

32 또 누구든지 말로 인자를 거역하면 사하심을 얻되 누구든지 성령의 능력을 보고도 말로 성령을 거절하면 이 세상과 오는 세상에서도 사하심을 얻지 못하리라

33 나무도 좋고 열매도 좋다 하든지 나무도 좋지 않고 열매도 좋지 않다 하든지 하라 그 나무가 좋은지 나쁜지 그 열매로 그 나무를 아느니라 내가 하는 일을 보고도 내가 누구인지 알지 못하겠느냐

34 독사의 자식들아 너희는 악하니 어떻게 선한 말을 할 수 있느냐 이는 마음에 가득한 것을 입으로 말함이라

35 선한 사람은 그 쌓은 선에서 선한 것을 내고 악한 사람은 그 쌓은 악에서 악한 것을 내느니라

36 내가 너희에게 이르노니 사람이 무슨 무익한 말을 하든지 심판 날에 자신이 한 말에 대하여 심문을 받으리니

37 네 말로 의롭다 함을 받고 네 말로 정죄함을 받으리라

38 그 때에 서기관과 바리새인 중 몇 사람이 예수를 찾아와 말하되 선생님이여 우리에게 기적 보여 주시기를 원하나이다

39 예수께서 대답하여 이르시되 악하고 음란한 세대가 표적을 구하나 선지자 요나의 표적 밖에는 보일 표적이 없느니라 하시더라

마치 남편을 버리고 다른 사람을 더 사랑하는 것이 음란이 듯이 예수께는 관심이 없고 예수께서 행하시는 기적만 바라

니 그 영혼이 하나님 앞에서 음란함과 같더라

40 요나가 밤낮 사흘 동안 큰 물고기 뱃속에 있었던 것 같이 인자도 밤낮 사흘 동안 땅 속에 있다가 살아나리라

41 심판 때에 니느웨 사람들이 일어나 이 세대 사람을 정죄하리니 이는 그들이 요나의 전도를 듣고 회개하였음이거니와 요나보다 더 큰 이가 여기 있도다

니느웨 사람들은 너무나 포악한지라 싸움에서 이기면 그 시체들을 성 벽에 걸어두어 자랑으로 삼았더라. 그 외에 여러 죄들이 하늘에 사무치므로 하나님께서 이 성을 멸하려 작정하셨는데 멸하기 전에 요나를 보내어 먼저 회개할 기회를 주려 하였더라

요나는 예수님 오시기 전의 선지자였는데 이 악한 니느웨 사람들에게 하나님 말씀 전하기를 싫어하여 배를 타고 하나님을 피하여 도망갈 때에 큰 폭풍우가 일어나 물에 빠지게 되매 큰 물고기가 요나를 삼켜 삼일 밤낮을 큰 물고기 뱃속에 있다가 뭍으로 올라왔더라. 이와 같이 예수도 삼 일 밤낮을 땅 속에 있다가 다시 살아나실 것을 말씀하셨으나 저들은 알아듣지 못하더라

42 심판 때에 이디오피아의 여왕이 일어나 이 세대 사람들을 정죄하리니 이는 이 세대가 인자를 보고도 믿지 아니하였거니와 이디오피아 여왕은 솔로몬의 지혜로운 말을 들으려고 땅 끝에서조차 왔으니 그 여왕이 너희 마음을 악하다 정죄

하리라

43 더러운 귀신이 사람에게서 나갔을 때에 물 없는 곳으로 다니며 쉬기를 구하되 쉴 곳을 얻지 못하고

44 이에 이르되 내가 나온 내 집으로 돌아가리라 하고 와 보니 그 집이 비고 청소되고 수리되었거늘

45 이에 가서 저보다 더 악한 귀신 일곱을 데리고 들어가서 거하니 그 사람의 나중 형편이 전보다 더욱 심하게 되느니라 이 악한 세대가 또한 이렇게 되리라
예수께서 지금 잠시 있으나 곧 떠나게 되면 사람들이 더욱 악해지리라는 뜻으로 하신 말씀이더라

46 예수께서 무리에게 말씀하실 때에 그의 어머니와 동생들이 예수를 찾아와 예수께 말하려고 왔으나 사람들이 많아 들어갈 수 없으므로 밖에서 사람들에게 말하여 예수를 부르더니

47 한 사람이 예수께 여짜오되 보소서 당신의 어머니와 동생들이 당신께 말하려고 밖에 서 있나이다 하니

48 예수께서 그 말하던 사람과 둘러선 사람들에게 이르시되 누가 내 어머니요 내 동생들이냐 하시며

49 손을 내밀어 제자들을 가리켜 이르시되 나의 어머니와 나의 동생들을 보라

50 누구든지 하늘에 계신 내 아버지의 뜻대로 순종하는 자가 내 형제요 자매요 어머니이니라 하나님 아버지의 뜻은 이것이니 하나님이 보내신 아들을 보고 믿는 자에게 영원한 생

명을 주시는 것이니라 하시더라. 예수의 어머니와 동생들이
찾아온 것은 예수께서 미쳤다는 소문을 듣고 붙들러 온 것
이더라

13장

1 그 날 예수께서 집에서 나가사 바닷가에 앉으시매

2 큰 무리가 그에게로 모여 들거늘 예수께서 배에 올라가 앉
으시고 온 무리는 해변에 서 있더니

3 예수께서 비유로 여러 가지를 그들에게 말씀하여 이르시되
씨를 뿌리는 자가 뿌리러 나가서

4 뿌릴 때 더러는 길 가에 떨어지매 새들이 와서 먹어버렸고

5 더러는 흙이 얇은 돌밭에 떨어지매 흙이 깊지 아니하므로
곧 싹이 나오나

6 해가 돋은 후에 타서 뿌리가 없으므로 말랐고

7 더러는 가시떨기 위에 떨어지매 가시가 자라서 기운을 막았
고

8 더러는 좋은 땅에 떨어지매 어떤 것은 백 배 어떤 것은 육십
배 어떤 것은 삼십 배의 결실을 하였느니라

9 귀 있는 자는 들으라 하시니라

10 제자들이 예수께 나아와 이르되 저들이 주님의 비유의 내용
을 알아듣지 못하나이다 그런데 어찌하여 그들에게 비유로
말씀하시나이까

11 대답하여 이르시되 천국의 비밀을 아는 것이 너희에게는 허
락되었으나 그들에게는 아니 되었나니

12 무릇 하나님의 말씀을 받을 마음이 있는 자는 받아 넉넉하

게 되되 무릇 없는 자는 그나마 들었던 말씀도 마음에 남아 있지 아니하고 빼앗기리라

13 그러므로 내가 그들에게 비유로 말하는 것은 그들이 나를 보아도 내가 누구인지 보지 못하며 내가 아버지의 말씀을 들려주어도 듣지 못하며 깨닫지 못함이니라

14 이사야의 예언이 그들에게 이루어졌으니 일렀으되 너희가 듣기는 들어도 깨닫지 못할 것이요 보기는 보아도 알지 못하리라

15 이 백성들의 마음이 완악하여져서 그 귀는 듣기에 둔하고 눈은 감았으니 이는 눈으로 보고 귀로 듣고 마음으로 깨달아 돌이켜 내게 고침을 받을까 두려워함이라 하였느니라 이 예언의 뜻은 사람들이 예수께 나오기 싫어하고 믿기를 싫어하니 이는 그 마음이 악하기 때문이라. 마음이 완악하니 예수의 능력을 보아도 알아보지 못하고 전하는 말씀이 하나님 말씀이어도 하나님의 아들이신 줄 모른다는 뜻이더라

16 그러나 너희 눈은 나를 알아봄으로 너희 귀는 알아들음으로 복이 있도다

17 내가 진실로 너희에게 이르노니 너희 이전의 많은 선지자와 의인이 나를 기다리며 너희가 보고 있는 나의 이 능력들을 보고자 하여도 보지 못하였고 너희가 듣는 나의 말씀들을 듣고자 하여도 듣지 못하고 먼저 죽었느니라

18 그런즉 씨 뿌리는 비유의 해석을 들으라

19 씨는 하나님 말씀이요 밭은 사람의 마음이요 뿌리는 이는 인자니라 인자가 하나님의 말씀을 사람들의 마음 밭에 뿌린 다는 비유니라 이때 인자가 뿌리는 하나님 말씀을 듣고도 그 마음에 깨닫지 못하는 이유는 악한 마귀가 와서 그 마음에 뿌려진 말씀을 곧바로 빼앗아감이니 이는 마음이 길처럼 딱딱한 자요 마치 길 위에 뿌려진 씨앗과 같아서 새에게 금방 먹혀버림을 당하느니라

20 돌밭에 뿌려졌다는 것은 말씀을 듣는 그 순간은 기쁨으로 듣지만 들은 말씀이 마음 안에 뿌리가 내리지 아니한 자니

21 그 속에 뿌리가 없어 잠시 견디다가 들은 말씀대로 사는 것이 어려워지면 작은 희생이라도 견디지 못하고 곧 말씀을 버리는 자요

22 가시 떨기에 뿌려졌다는 것은 말씀을 듣고 받아들였으나 세상의 염려가 많고 재물의 유혹도 많아서 들은 말씀대로 순종하는 열매가 없는 자요

23 좋은 땅에 뿌려졌다는 것은 말씀을 들을 때에 깨닫는 자니 말씀대로 행하여 열매를 맺되 어떤 사람은 백 배 어떤 사람은 육십 배 어떤 사람은 삼십 배가 되느니라 하시더라

24 예수께서 그들 앞에 또 비유를 들어 이르시되 천국은 좋은 씨를 제 밭에 뿌린 사람과 같으니

25 사람들이 잘 때에 그 원수가 와서 곡식 가운데 가라지를 덧뿌리고 갔더니

26 싹이 나고 결실할 때에 가라지도 보이거늘

27 집 주인의 종들이 와서 말하되 주여 밭에 좋은 씨를 뿌리지 아니하였나이까 그런데 좋은 씨와 비슷하게 생겨서 구별하기도 어려운 이 가라지는 어디서 생겼나이까

28 주인이 이르되 원수가 이렇게 하였구나 종들이 말하되 그러면 우리가 가서 이것을 뽑기를 원하시나이까

29 주인이 이르되 가만 두라 가라지를 뽑다가 곡식까지 뽑을까 염려하노라

30 둘 다 추수 때까지 함께 자라게 두라 추수 때에 내가 추수꾼들에게 말하기를 가라지는 먼저 거두어 불사르게 단으로 묶고 곡식은 모아 내 곳간에 넣으라 하리라

31 또 비유를 들어 이르시되 천국은 마치 사람이 자기 밭에 갖다 심은 겨자씨 한 알 같으니

32 이는 모든 씨보다 작은 것이로되 자란 후에는 풀보다 커서 나무가 되매 공중의 새들이 와서 그 가지에 깃들이느니라

33 또 비유로 말씀하시되 천국은 마치 여자가 가루 서 말 속에 갖다 넣어 전부 부풀게 한 누룩과 같으니라
겨자씨와 누룩 비유는 하나님 나라를 위한 작은 수고라도 주께서 기억하시고 후하게 주시되 흔들어 넘치도록 안겨 주신다는 뜻으로 하신 비유더라

34 예수께서 이 모든 것을 무리에게 비유로 말씀하시고 비유가 아니면 아무 것도 말씀하지 아니하시니

35 이는 선지자를 통하여 말씀하신바 **내가 입을 열어 비유로 말하고 창세부터 감추어졌던 하나님의 계획들을 비유로 드러내리라** 함을 이루려 하심이니라

36 이에 예수께서 무리를 떠나사 집에 들어가시니 제자들이 나아와 이르되 밭의 가라지의 비유는 무슨 뜻이니까 우리에게 설명하여 주소서

37 대답하여 이르시되 좋은 씨를 뿌리는 이는 인자요

38 밭은 세상이요 좋은 씨는 천국의 아들들이요 가라지는 악한 자의 아들들이요

39 가라지를 뿌린 원수는 마귀요 추수 때는 세상 끝이요 추수꾼은 천사들이라

인자가 세상에 하나님의 아들들을 뿌렸더니 마귀도 거짓 신앙행세를 하는 가라지를 뿌리리라 이에 거짓으로 신앙행세를 하며 옆의 알곡들을 실족케 하므로 가라지를 쫓아내게 되면 다른 연약하고 어린 성도들은 분별을 못하므로 오해하여 유혹에 빠져 함께 떨어져 나갈 수도 있으리라

40 그런즉 가라지를 거두어 불에 사르는 것 같이 세상 끝에도 그러하리라

41 인자가 그 천사들을 보내리니 그들이 그 나라에서 모든 넘어지게 하는 것과 또 하나님의 나라를 방해하는 불법을 행하는 자들을 거두어내어

42 대장간 풀무불 같은 맹렬한 불에 던져 넣으리니 거기서 울

며 이를 갈게 되리라

43 그 때에 하나님의 아들을 믿는 자들은 의인이 되어 자기 아버지 나라에서 해와 같이 빛나리라 알아들을 귀 있는 자는 들으라

44 천국은 마치 밭에 감추어진 보화와 같으니 사람이 이를 발견한 후에 숨겨 두고 기뻐하며 돌아가서 자기의 소유를 다 팔아 그 밭을 사느니라

이 비유는 세상에서 하나님의 아들을 발견하게 되니 이는 지옥불 대신 영생을 발견한 것이라. 이 영생을 세상 그 무엇과 바꿀 수 있으랴. 그러므로 세상 모든 것을 다 잃어도 하나님의 아들을 얻는 것이 더 유익하다는 말씀이더라

45 또 천국은 마치 좋은 진주를 구하는 장사와 같으니

46 극히 값진 진주 하나를 발견하매 가서 자기의 소유를 다 팔아 그 진주를 사느니라

이 비유도 영생이 가장 귀한 진주이니 지금껏 귀하게 여긴 세상 모든 것을 다 팔아서라도 하나님의 아들이 주는 영원한 생명을 얻는 것이 더 유익하다는 뜻이더라

47 또 천국은 마치 바다에 치고 각종 물고기를 모으는 그물과 같으니

48 그물에 가득하매 물가로 끌어내고 앉아서 좋은 것은 그릇에 담고 나쁜 것은 내버리느니라

49 세상 끝에도 이러하리라 천사들이 와서 의인 중에서 악인을

갈라내어

50 풀무 같이 맹렬히 타는 불에 던져 넣으리니 거기서 울며 이를 갈리라

51 이 모든 것을 깨달았느냐 하시니 대답하되 그러하오이다

52 예수께서 이르시되 그러므로 천국의 제자된 자들은 마치 새 것과 옛 것을 그 곳간에서 내오는 집주인과 같아서 무엇이 세상 것이고 무엇이 주님을 따르는 삶인지 구별할 수 있게 되리라 하시더라

53 예수께서 이 모든 비유를 마치신 후에 그 곳을 떠나서

54 고향으로 가사 고향의 회당에서 가르치시니 고향 사람들이 놀라 이르되 이는 목수 요셉의 아들이 아니냐 그러므로 이 사람의 지혜와 이런 능력이 도대체 어디서 났느냐 참으로 믿지 못할 일이로다

55 그 어머니는 마리아 그 동생들은 야고보, 요셉, 시몬, 유다라 하지 않느냐

56 그 누이들도 다 우리와 함께 있지 아니하냐 그런즉 이 사람의 모든 능력과 지혜가 어디서 났느냐 하고 신기한 듯 구경하며 예수를 배척하므로

57 예수께서 그들에게 말씀하시되 선지자가 자기 고향과 자기 집에서는 존경을 받지 못하나 밖에서는 모두 존경하느니라 하시고

58 고향 사람들은 믿지 않음으로 예수의 많은 능력을 볼 수 없

게 되었더라

14장

1 그 때에 예루살렘과 그 인근 지역을 다스리던 헤롯왕이 예수의 소문을 듣고

2 그 신하들에게 이르되 이는 침례요한이라 그가 죽은 자 가운데서 살아났으니 그러므로 이런 능력이 그 속에서 활동하는도다 하더라

3 전에 헤롯이 그 동생 빌립의 아내 헤로디아의 일로 요한을 잡아 결박하여 옥에 가두었으니

4 이는 요한이 헤롯에게 말하되 "당신이 그 여자를 차지하는 것이 옳지 않다" 하였음이라

5 헤롯이 요한을 죽이려 하되 백성들이 그를 선지자로 여기므로 백성들을 두려워하더니

6 마침 헤롯의 생일이 되어 헤로디아의 딸이 연회석 가운데서 춤을 추어 헤롯을 기쁘게 하니

7 헤롯이 맹세로 그에게 무엇이든지 달라는 대로 주리라 나라의 절반이라도 주리라 약속하거늘

8 이때 어미가 딸을 불러 침례 요한의 머리를 소반에 얹어 여기서 내게 주소서 하라 시키니 딸이 가서 제 어미가 시킨 대로 헤롯에게 말하니

9 이에 헤롯왕이 근심하고 두려워하니 이는 비록 침례요한이 자기를 꾸짖어 못마땅하게 여겼지만 한 편으로는 그의 가르

침을 존경하며 높게 평가하였으므로 목 베기를 근심하나 자기가 맹세한 것과 그 함께 앉은 귀인들이 맹세를 다 들었으므로 어찌 할 수 없으므로 그리하라 명하고

10 사람을 보내어 옥에서 요한의 목을 베어

11 그 머리를 소반에 얹어서 그 소녀에게 주니 그가 자기 어머니에게로 가져가니라

12 침례요한의 제자들이 와서 시체를 가져다가 장사하고 가서 예수께 아뢰니라

13 예수께서 들으시고 배를 타고 떠나 슬퍼하시며 따로 빈 들에 가시니 무리가 예수께서 어디에 계시다는 소식을 듣고 여러 고을로부터 걸어서 따라간지라

14 예수께서 나오사 큰 무리를 보시고 불쌍히 여기사 그 중에 있는 병자를 고쳐 주시니라

15 저물도록 고치시고 가르치시매 제자들이 나아와 이르되 이곳은 빈 들이요 때도 이미 저물었으니 무리를 보내어 마을에 들어가 먹을 것을 사먹게 하소서

16 예수께서 이르시되 갈 것 없다 너희가 먹을 것을 주라 하시니 이는 주께서는 어떻게 하실지 이미 아셨지만 제자들이 어떻게 하는가 보려고 그렇게 말씀하셨더라

17 제자들이 이르되 여기 우리에게 있는 것은 떡 다섯 개와 물고기 두 마리 뿐이니이다

18 이르시되 그것을 내게 가져오라 하시고

19 무리를 명하여 잔디 위에 앉히시고 떡 다섯 개와 물고기 두 마리를 가지사 하늘을 우러러 감사기도 드리시고 떡을 떼어 제자들에게 주시매 제자들이 다시 무리에게 나눠주니

20 다 배불리 먹고 남은 조각을 열두 바구니에 차게 거두었으며

21 먹은 사람은 여자와 어린이를 제외하고도 오천 명이나 되었더라. 여자와 어린이까지 셈하면 이만 명도 되는 큰 무리였더라

22 이 일로 인하여 무리들이 예수뿐만 아니라 제자들까지도 우러러보게 되었을 때 예수께서 즉시 제자들을 재촉하사 자기가 무리를 보내는 동안에 배를 타고 앞서 건너편으로 가게 하시고

23 무리를 돌려보내신 후에 기도하러 따로 산에 올라가시니라 저물매 거기 혼자서 기도하고 계시더니

24 배가 이미 육지에서 수리나 떠나서 바람이 거스르므로 파도로 말미암아 고난을 당하며 위급하게 되었더라

25 밤 열 시 경에 예수께서 바다 위로 걸어서 제자들에게 오시니

26 제자들이 그가 바다 위로 걸어오심을 보고 예수이신 줄 알아보지 못하고 놀라서 유령이라 하며 무서워하여 소리 지르거늘

27 예수께서 즉시 이르시되 안심하라 나다 두려워하지 말라

28 베드로가 대답하여 이르되 주여 만일 주님이시거든 나를 명하사 물 위로 오라 하소서 하니

29 오라 하시니 베드로가 배에서 내려 물 위로 걸어서 예수께로 가되 물에 빠지지 않고 물 위를 걷게 되더라

30 이 때 베드로가 예수를 바라보지 않고 바람과 파도를 보게 되니 다시 무서워지며 물속으로 빠져가는지라 소리 질러 이르되 주여 나를 구원하소서 하니

31 예수께서 즉시 손을 내밀어 그를 붙잡으시며 이르시되 믿음이 작은 자여 왜 의심하였느냐 하시더라. 예수를 바라보지 않게 되니 믿음이 작아지게 되고 믿음이 작아지니 무서워지게 되고 무서워지니 물에 빠져갔더라

32 배에 함께 오르매 바람이 그치는지라

33 배에 있는 제자들이 예수께 절하며 이르되 "진실로 하나님의 아들이로소이다" 하니 이는 하나님의 아들이 아니고서야 어찌 이런 일을 할 수 있겠는가 함이었더라. 이로써 제자들은 점점 예수께서 하나님의 아들이심을 알아가게 되더라

34 그들이 건너가 게네사렛 땅에 이르니

35 그 곳 사람들이 예수이신 줄을 알고 그 근방에 두루 통지하여 모든 병든 자를 예수께 데리고 와서

36 다만 예수의 옷자락에라도 손을 대게 하시기를 간구하니 손을 대는 자는 다 나음을 얻으니라

15장

1 그 때에 바리새인과 서기관들이 예루살렘으로부터 예수께
  나아와 이르되

2 당신의 제자들이 어찌하여 예로부터 지켜오던 장로들의 전
  통을 범하나이까 떡 먹을 때에 그 준비한 성수를 손에 세 번
  붓지 아니하나이다

3 대답하여 이르시되 너희는 어찌하여 너희가 만든 전통을 지
  키느라 오히려 하나님의 계명을 범하느냐

4 하나님이 이르셨으되 **네 부모를 공경하라** 하시고 또 **아버지
  나 어머니를 비방하는 자는 반드시 죽임을 당하리라** 하셨거
  늘

5 너희는 이르되 누구든지 아버지에게나 어머니에게 말하기
  를 내가 부모님을 섬겨 유익하게 할 그 만큼의 물질을 계산
  하여 하나님께 드렸나이다 말하면

6 그 이후로는 부모를 공경할 것도 없다 하면서 너희가 만든
  전통을 지키느라 하나님의 말씀을 폐하는도다

7 외식하는 자들아 선지자 이사야가 너희에 관하여 잘 예언하
  였도다 그가 일렀으되

8 **이 백성이 입술로는 나를 공경하되 마음은 내게서 멀도다**

9 **사람의 계명으로 교훈을 삼아 가르치니 나를 헛되이 경배하
  는도다** 하였느니라 하시고

10 무리를 불러 이르시되 듣고 깨달으라

11 입으로 들어가는 음식이 사람을 더럽게 하는 것이 아니라 입에서 나오는 그 말들이 사람을 더럽게 하는 것이니라

12 이에 제자들이 나아와 가로되 바리새인들이 이 말씀을 듣고 마음에 걸려 분내고 있는 줄을 아시나이까 하니

13 예수께서 대답하여 이르시되 심은 것들 중에서 내 하늘 아버지께서 심으시지 않은 것도 있으니 그것들은 뽑힐 것이니

14 그냥 두라 그들은 나의 하는 일을 보아도 나를 모르니 맹인이로다 이렇게 맹인으로서 다른 맹인을 인도하니 둘 다 구덩이에 빠지리라 하시니

15 베드로가 대답하여 이르되 이 비유를 우리에게 설명하여 주옵소서

16 예수께서 이르시되 너희도 아직도 깨달음이 없느냐

17 입으로 들어가는 음식들은 배로 들어가서 뒤로 배설되는 줄을 알지 못하느냐

18 입에서 나오는 나쁜 말들은 마음에서 나오나니 이것이야말로 사람을 더럽게 하느니라

19 마음에서 나오는 것은 악한 생각과 살인과 간음과 음란과 도둑질과 거짓 증언과 비방이니

20 이런 것들이 사람을 더럽게 하는 것이요 씻지 않은 손으로 먹는다고 사람이 죄인 되는 것은 아니니라

21 예수께서 거기서 나가사 두로와 시돈 지방으로 들어가시니

두로와 시돈은 이스라엘 나라 밖 가나안 동네더라

22 가나안 여자 하나가 그 지경에서 나와서 소리 질러 이르되 주 다윗의 자손이여 나를 불쌍히 여기소서 내 딸이 흉악하게 귀신 들렸나이다 하되

23 예수는 여자의 소리를 듣고도 한 말씀도 대답하지 아니하시니 제자들이 와서 청하여 말하되 저 여자가 우리 뒤에서 멈추지 않고 계속 소리를 지르오니 시끄럽게 되었나이다 저 여자의 소원을 들어주시고 그만 보내소서 하니

24 예수께서 대답하여 이르시되 나는 이스라엘 집의 잃어버린 양 외에는 다른 데로 보내심을 받지 아니하였노라 말씀하시는 중에

25 여자가 와서 예수께 절하며 이르되 주여 저를 도우소서 하니

26 예수께서 대답하여 이르시되 자녀의 떡을 취하여 개들에게 던짐이 마땅하지 아니하니라 하시더라. 자녀는 이스라엘 사람들이요 떡은 인자를 가리켜 하신 말씀이더라

27 여자가 이르되 주여 옳소이다마는 개들도 제 주인의 상에서 떨어지는 부스러기를 먹나이다 하며 간절하게 아뢰니

28 예수께서 그 여자의 지혜로운 대답을 들으시고 이르시되 여자여 네 믿음이 크도다 네 소원대로 되리라 하시니 그 때로부터 그의 딸이 나으니라. 예수께서 여자여라고 불러주심은 여인을 매우 존칭하여 부르는 유대의 말이더라

29 예수께서 거기서 떠나사 갈릴리 호숫가로 돌아와 산에 올라가 거기 앉으시니

30 큰 무리가 다리 저는 사람과 장애인과 맹인과 말 못하는 사람과 기타 여럿을 데리고 와서 예수의 발 앞에 앉히매 고쳐 주시니

31 말 못하는 사람이 말하고 장애인이 온전하게 되고 다리 저는 사람이 걸으며 맹인이 보는 것을 무리가 보고 놀랍게 여겨 이스라엘의 하나님께 영광을 돌리니라

32 예수께서 제자들을 불러 이르시되 내가 무리를 불쌍히 여기노라 그들이 나와 함께 있은 지 이미 사흘이매 먹을 것이 없도다 길에서 기진할까 하여 굶겨 보내지 못하겠노라

33 제자들이 이르되 이 광야에서 우리가 어디서 이렇게 많은 무리가 배부를 만큼 떡을 얻을 수 있으리이까

34 예수께서 이르시되 너희에게 떡이 몇 개나 있느냐 이르되 일곱 개와 작은 생선 두어 마리가 있나이다 하거늘

35 예수께서 무리에게 명하사 땅에 앉게 하시고

36 떡 일곱 개와 그 생선을 가지사 감사기도 하신 후에 떼어 제자들에게 주시니 제자들이 무리에게 나누어 주매

37 다 배불리 먹고 남은 조각을 일곱 광주리에 차게 거두었으며

38 먹은 자는 여자와 어린이 외에도 사천 명이었더라

39 예수께서 무리를 흩어 돌려보내시고 배에 오르사 마가단 지

경으로 가시니라

16장

1 바리새인과 사두개인들이 예수를 찾아와서 과연 이 사람이 기적을 행할 수 있는가 시험하여 이르기를 하늘에서 왔다는 표시가 될 만한 기적을 보여 주소서 청하니

2 예수께서 대답하여 이르시되 너희가 저녁에 하늘이 붉으면 날이 좋겠다 하고

3 아침에 하늘이 붉고 흐리면 오늘은 날이 궂겠다 하나니 너희가 날씨는 분별할 줄 알면서 이 시대가 마지막 때가 되었다는 표적은 분별할 수 없느냐

4 악하고 음란한 세대가 표적을 구하나 요나의 표적 밖에는 보여줄 표적이 없느니라 하시고 그들을 떠나가시니라. 하나님보다 기적을 더 바라고 사모하니 배우자보다 다른 이를 더 마음에 두는 것과 같아서 기적만 바라는 자들을 일컬어서 영이 악하고 음란하다 하였더라

5 제자들이 건너편으로 갈 때 떡 가져가기를 잊었더니 그것으로 인하여 제자들 간에 말들이 오가매

6 예수께서 이르시되 삼가 바리새인과 사두개인들의 누룩을 주의하라 하시니

7 제자들이 서로 의논하여 이르되 우리가 떡을 가져오지 아니하였도다 이제 빵에 넣을 누룩을 얻으려면 바리새인들 눈에 띄게 되어 위험하게 되었도다 하거늘

8 예수께서 아시고 이르시되 믿음이 작은 자들아 어찌 떡이 없음으로 서로 의논하느냐

9 너희가 아직도 깨닫지 못하느냐 떡 다섯 개로 오천 명을 먹이고 주운 것이 몇 바구니며

10 떡 일곱 개로 사천 명을 먹이고 주운 것이 몇 광주리이던 것을 기억하지 못하느냐

11 어찌 내 말한 것이 떡에 관함이 아닌 줄을 깨닫지 못하느냐 오직 바리새인과 사두개인들의 누룩을 주의하라 하시니

12 그제서야 제자들이 떡에 넣는 누룩이 아니요 바리새인과 사두개인들의 잘못된 교훈을 삼가하라고 말씀하신 줄을 깨달으니라. 잘못된 교훈은 누룩처럼 금방 전염되매 주께서 주의를 주시는 말씀이었더라

13 예수께서 빌립보 가이사랴 지방에 이르러 제자들에게 물어 이르시되 사람들이 인자를 누구라 하느냐

14 이르되 더러는 침례 요한, 더러는 엘리야, 어떤 이는 예레미야나 선지자 중의 하나라 하나이다

15 예수께서 이 지방 사람들의 답변에 흡족하지 않으심으로 이에 제자들에게 이르시되 그렇다면 너희는 나를 누구라 하느냐

16 시몬 베드로가 대답하여 이르되 주는 그리스도시요 살아 계신 하나님의 아들이시니이다

17 예수께서 대답하여 이르시되 요나의 아들 시몬 베드로야 네

가 복이 있도다 이것을 네게 알게 한 이는 사람이 아니요 하늘에 계신 내 아버지께서 네 마음을 열어 보여주시니 알게 되었느니라

18 또 내가 네게 이르노니 너는 베드로라 이 이름의 뜻은 반석이니 내가 너의 믿음의 반석 위에 내 교회를 세우리니 마귀의 권세가 교회를 이기지 못하리라

19 내가 천국 열쇠를 네게 주리니 네가 땅에서 무엇이든지 매면 하늘에서도 매일 것이요 네가 땅에서 무엇이든지 풀면 하늘에서도 풀리리라 하시고

20 이에 제자들에게 경고하사 자기가 그리스도인 것을 아무에게도 이르지 말라 하시니라

21 이때로부터 예수 그리스도께서 자기가 예루살렘에 올라가게 되면 장로들과 대제사장들과 서기관들에게 많은 고난을 받은 후에 그들에게 죽임을 당하고 제 삼일에 살아나야 할 것을 제자들에게 처음으로 가르치시니

22 베드로가 예수를 붙들고 따지듯이 항변하여 이르되 주여 그리 마옵소서 그런 일이 결코 주께 미치지 아니하리이다 결코 그런 일은 없어야 하리이다

23 예수께서 돌이키시며 베드로에게 이르시되 사탄아 내 뒤로 물러가라 너는 나를 넘어지게 하는 자로다 네가 하나님의 일을 생각하지 아니하고 도리어 사람의 일을 생각하는 도다 하시니 이는 베드로가 예수님을 따라 다닌 이유가 예수께서

이제 곧 예루살렘의 왕이 될 줄로 알고 있었더라. 주께서 왕
이 되시면 베드로는 높은 자리에 앉게 될 줄을 기대하였으
므로 예수께서 죽으시면 높은 자리를 못 얻으니 억울하여
주님께 그렇게 항변한 것이더라

24 이에 예수께서 제자들에게 이르시되 누구든지 나를 따라오
려거든 자기의 세상욕심을 부인하고 자기의 욕심을 십자가
못 박은 후에 나를 따를 것이니라

25 누구든지 세상 욕심을 얻고자 하면 귀한 인생을 잃을 것이
요 누구든지 나를 위하여 제 목숨을 희생하게 되면 오히려
생명을 얻게 되리라

26 사람이 만일 온 천하를 얻었다 한들 제 목숨을 잃으면 무엇
이 유익하리요 사람이 무엇을 주고 제 목숨과 바꾸겠느냐

27 인자가 아버지의 영광으로 그 천사들과 함께 다시 오리니
그 때에 각 사람이 나를 위하여 행한 대로 갚으리라

28 진실로 너희에게 이르노니 여기 서 있는 너희들 중에 죽기
전에 인자가 하늘 왕권을 가졌다는 것을 볼 자들도 있느니
라

17장

1 그 말씀 하신 엿새 후에 예수께서 베드로와 야고보와 그 형
제 요한을 데리시고 따로 높은 산에 올라가셨더니

2 그들 앞에서 변형되시는데 그 얼굴이 해 같이 빛나며 옷이
빛과 같이 희어져서 똑바로 볼 수 없게 되었더라

3 그 때에 또한 모세와 엘리야가 내려와서 예수와 더불어 말
하는 것이 제자들에게 보이거늘

4 베드로가 그 광경이 너무나 두려워 정신을 잃어 예수께 여
쭈어 이르되 주여 우리가 여기 있는 것이 좋사오니 만일 주
께서 원하시면 내가 여기서 초막 셋을 짓되 하나는 주님을
위하여 하나는 모세를 위하여 하나는 엘리야를 위하여 하리
이다 하니 이는 두려움에 정신을 잃어 자기가 무슨 말을 하
는지도 모르고 한 말이더라

5 말할 때에 홀연히 빛난 구름이 그들을 덮으며 구름 속에서
소리가 나서 이르시되 이는 내 사랑하는 아들이요 내 기뻐
하는 자니 너희는 그의 말을 들으라 하시는지라

6 제자들이 듣고 엎드려 심히 두려워하니

7 예수께서 나아와 그들에게 손을 대시며 이르시되 일어나라
두려워 말라 하시니

8 제자들이 눈을 들고 보매 오직 예수 외에는 아무도 보이지
아니 하더라

9 저희가 산에서 내려올 때에 예수께서 명하여 이르시되 인자가 죽은 자 가운데서 살아나기 전에는 지금 본 이것을 아무에게도 이르지 말라 하시니

10 제자들이 물어 이르되 그러면 어찌하여 서기관들이 주님보다 엘리야가 먼저 와야 하리라 하나이까

11 예수께서 대답하여 이르시되 엘리야가 과연 먼저 와서 모든 일을 회복시키는 일을 하였노라

12 내가 너희에게 말하노니 엘리야가 이미 왔으되 사람들이 알지 못하고 함부로 대우하였도다 인자도 이와 같이 그들에게 고난을 받으리라 하시니

13 그제야 제자들이 예수께서 말씀하신 엘리야가 침례요한을 가리켜 하신 말씀인 줄 깨달으니라

14 예수님과 제자들이 산에서 내려와 무리에게 이르매 한 사람이 예수께 와서 꿇어 엎드려 아뢰되

15 주여 내 아들을 불쌍히 여기소서 이는 내 외아들이니이다 아이에게 귀신이 들어가 간질을 일으키니 심히 고생하여 자주 불에도 넘어지며 물에도 넘어지는지라

16 내가 주의 제자들에게 데리고 왔으나 능히 고치지 못하더이다 하니 주께서 물어 이르시되 언제부터 이렇게 되었느냐 하시니 아이의 아비가 답하되 어렸을 때 부터니이다 귀신이 어디서든지 아무 장소에서나 아이를 붙잡아서 거꾸러지게 하니 이를 갈고 거품을 흘리며 파리해지고 또 아이를 죽이

려고 불과 물에 자주 던졌나이다 선생님의 제자들에게 고쳐
주기를 청하였더니 능히 고치지 못하더이다 하니

17 예수께서 대답하여 이르시되 믿음이 없고 마음이 굽어 패역
한 세대여 내가 얼마나 너희와 함께 더 있으며 얼마나 너희
에게 더 참고 기다려야 너희에게 귀신을 쫓아낼 믿음이 있
게 되리요 그를 이리로 데려오라 하시니라

18 이에 예수께서 꾸짖으시니 귀신이 아이로 심히 경련을 일으
키게 하고 나가니 아이가 죽은 것 같이 되었더라. 무리가 달
려 모여 아이를 보며 말하길 죽었다 하나 주께서 아이의 손
을 잡아 일으키니 아이가 일어서매 그 때부터 낫게 되었더
라

19 이때에 제자들이 조용히 예수께 나아와 이르되 우리는 어찌
하여 귀신을 쫓아내지 못하였나이까

20 이르시되 너희 믿음이 작은 까닭이니라 말씀에 따라 기도를
하면 능력이 생기니라 진실로 너희에게 이르노니 만일 너희
에게 믿음이 겨자씨 한 알 만큼만 있어도 이 산을 명하여 여
기서 저기로 옮겨지라 하면 옮겨질 것이요 또 너희가 못할
것이 없으리라

21 (없음)

22 갈릴리에 모일 때에 예수께서 제자들에게 이르시되 인자가
장차 사람들의 손에 넘겨져

23 죽임을 당하고 제 삼일에 살아나리라 두 번째로 또 말씀하

시니 제자들이 듣고 매우 근심하더라

24 가버나움에 이르니 반 세겔 받는 세리들이 베드로에게 찾아와 이르되 너희 선생은 세금을 내지 아니하느냐

25 이르되 내신다 하고 집에 들어가니 예수께서 먼저 이르시되 시몬아 네 생각은 어떠하냐 세상 임금들이 누구에게 관세와 국세를 받느냐 자기 아들에게냐 타인에게냐

26 베드로가 이르되 타인에게니이다 예수께서 이르시되 그렇다면 아들들은 세를 면하리라

27 우리야 말로 세금을 내지 않아도 되는 하나님의 아들들이 아니냐 그러나 우리가 그들이 오해하지 않도록 하기 위하여 세금을 내야 할 것이니라 네가 바다에 가서 낚시를 던져 먼저 오르는 고기를 잡아 입을 열면 돈 한 세겔을 얻을 것이니 가져다가 나와 너를 위하여 주라 하시니라

18장

1 그 때에 제자들이 예수께 나아와 이르되 우리 중 천국에서
　누가 크니이까 하니

2 예수께서 한 어린 아이를 불러 그들 가운데 세우시고

3 이르시되 진실로 너희에게 이르노니 너희가 태도를 바꾸어
　어린 아이들과 같이 순수하게 받아들이지 아니하면 결단코
　천국에 들어가지 못하리라

4 그러므로 누구든지 이 어린 아이와 같이 자기를 낮추는 사
　람이 큰 자가 되리라

5 또 누구든지 내 이름으로 이런 어린 아이 하나를 영접하면
　곧 나를 영접함이니

6 누구든지 나를 믿는 자 중에 하찮아 보이는 작은 자라도 그
　를 실족하게 하여 잘못된 길로 가게 한 자는 차라리 연자 맷
　돌이 그 목에 달려서 깊은 바다에 빠뜨려지는 것이 나으리
　라 남을 실족케 한 대가로 받는 벌은 심히 크리라

7 남을 실족하게 하는 일들이 있음으로 말미암아 세상에는 벌
　받을 일들이 있도다 실족하게 하는 일이 없을 수는 없겠으
　나 실족하게 하는 그 사람에게는 화가 있도다

8 만일 네 손이나 네 발이 너를 범죄케 하거든 찍어 내버리라
　멀쩡한 몸으로 지옥에 가는 것보다 장애인이나 다리 저는
　자가 되어 영생에 들어가는 것이 더 낫지 아니 하냐 죄 지은

두 손과 두 발을 가지고 영원한 불에 던져지는 것보다 나으니라

9 만일 네 눈이 너를 범죄케 하거든 빼어 내버리라 멀쩡한 눈으로 지옥에 던져지는 것보다 한 눈으로 영생에 들어가는 것이 더 나으니라

10 삼가 이 작은 자 중의 하나도 업신여기지 말라 너희에게 말하노니 그들의 천사들이 하늘에서 하늘에 계신 내 아버지의 얼굴을 항상 뵈옵고 네가 작은 자를 업신여긴 그 일을 하나님께 고하느니라

11 (없음)

12 너희 생각에는 어떠하냐 만일 어떤 사람이 양 백 마리가 있는데 그 중의 하나가 길을 잃었으면 그 아흔아홉 마리를 산에 두고 가서 길 잃은 한 마리의 양을 찾지 않겠느냐

13 진실로 너희에게 이르노니 만일 찾으면 길을 잃지 아니한 아흔아홉 마리 보다 잃었다 찾은 양 한 마리로 인하여 더 기뻐하리라

14 이와 같이 너희들이 하찮게 여기는 이 작은 자 중의 하나라도 잃어버리는 것은 하늘에 계신 너희 아버지의 뜻이 아니니라

15 네 형제가 너에게 죄를 범하거든 가서 너와 그 사람과만 상대하여 권고하라 만일 그가 받아들이면 네가 네 형제를 얻은 것이요

16 만일 듣지 않거든 한두 사람을 더 데리고 가서 두세 증인의 입으로 말마다 확증하게 하라

17 만일 그들의 말도 듣지 않거든 교회에 말하고 교회의 권위로도 듣지 않거든 이방인과 세리와 같이 여기라

18 진실로 너희에게 이르노니 무엇이든지 너희가 땅에서 매면 하늘에서도 매일 것이요 무엇이든지 땅에서 풀면 하늘에서도 풀리리라 하늘이 열리고 닫히고는 너희에게 달렸느니라

19 진실로 다시 너희에게 이르노니 너희 중에 두 사람이 땅에서 합심하여 무엇이든지 이루고자 한다면 하늘에 계신 내 아버지께서 그들을 위하여 이루게 하시리라

20 두세 사람이 내 이름으로 모인 곳에는 나도 그들 중에 있느니라

21 그 때에 베드로가 나아와 이르되 주여 형제가 내게 죄를 범하면 몇 번이나 용서하면 되리이까 일곱 번까지 용서하면 되리이까

22 예수께서 이르시되 네게 이르노니 일곱 번뿐 아니라 일곱 번을 일흔 번까지라도 용서할 지니라 처음 사람에게는 세 번의 기회를 준 후에 교회에서 쫓아냈으니 이는 그가 용서받을 기회를 거절하였기 때문이요 일곱 번을 일흔 번까지라도 용서받게 된 사람은 매번 용서를 구하는 사람이기에 용서를 구하는 형제는 계속 받아주라 하시니라. 이에 예수께서 용서에 대하여 비유를 들어 말씀하시기를

23 그러므로 천국은 그 종들과 결산하려 하던 어떤 임금과 같
으니

24 결산할 때에 일만 달란트 빚진 자 하나를 데려왔더라 일만
달란트는 로마가 다스리는 모든 땅에서 거둬들인 일 년 세
금과 같은 돈의 양이니 셀 수 없는 매우 큰 값이더라

25 이에 종이 갚을 것이 없는지라 주인이 명하여 그 몸과 아내
와 자식들과 모든 소유를 다 팔아 갚게 하라 하니

26 그 종이 엎드려 절하며 이르되 내게 참으소서 다 갚으리이
다 하거늘

27 그 종의 주인이 불쌍히 여겨 놓아 보내며 큰 빚을 탕감하여
주었더니

28 그 종이 나가서 자기에게 겨우 백 데나리온 빚진 동료 한 사
람을 만나매 붙들어 목을 틀어잡고 이르되 빚 진 것을 갚으
라 하니라. 백 데나리온은 석 달 노동 값에 불과하더라

29 그 종에게 빚진 동료가 엎드려 간구하여 이르되 나에게 참
아 주소서 갚으리이다 하되

30 허락하지 아니하고 이에 가서 그가 빚을 갚도록 옥에 가두
거늘

31 그 친구 동료들이 그것을 보고 몹시 분하고 딱하게 여겨 주
인에게 가서 그 일을 다 알리니

32 이에 주인이 다시 그 종을 불러다가 말하되 악한 종아 네가
빌기에 내가 네 빚을 전부 탕감하여 주었거늘

33 내가 너를 불쌍히 여김과 같이 너도 그를 불쌍히 여겨야 될
   것이 아니냐 하고
34 주인이 노하여 그 빚을 다 갚을 때까지 저를 옥졸들에게 넘
   기니라
35 이와 같이 너희가 각각 마음으로부터 형제를 용서하지 아니
   하면 너희 하늘 아버지께서도 네가 지은 죄들에 대하여 이
   렇게 하시리라

19장

1 예수께서 이 말씀을 마치시고 갈릴리를 떠나 요단 강 건너
  유대 지경에 이르시니

2 큰 무리가 따르거늘 예수께서 거기서 그들의 병을 고치시더
  라

3 바리새인들이 찾아와 예수를 책잡을 기회를 얻으려고 예수
  를 시험하여 물어 이르되 사람이 어떤 이유가 있으면 그 아
  내와 이혼하는 것이 옳으니이까

4 예수께서 대답하여 이르시되 사람을 지으신 이가 본래 그들
  을 남자와 여자로 지으시고

5 말씀하시기를 그러므로 사람이 그 부모를 떠나서 아내에게
  합하여 그 둘이 한 몸이 될 지니라 하신 것을 율법에서 읽지
  못하였느냐

6 그런즉 혼인하였으면 이제 둘이 아니요 한 몸이니 그러므로
  하나님이 짝지어 주신 것을 사람이 나누지 못할 지니라 하
  시니

7 여짜오되 그러면 어찌하여 모세는 이혼 증서를 주어서 버리
  라 명하였나이까 하니 이는 바리새인들이 예수께서 모세를
  모욕하는가 보려고 말에 실수가 있기를 바라면서 이런 내용
  으로 질문을 하였더라

8 예수께서 이르시되 모세가 너희 마음이 완악하여서 어쩔 수

없이 아내 버림을 허락하였거니와 본래는 그렇지 아니하니
라

9 내가 너희에게 말하노니 누구든지 아내가 음행한 이유 외에
다른 이유로 아내를 버리고 다른 여자에게 장가드는 자는
간음함이니라

10 제자들이 이르되 만일 사람이 아내에게 이같이 할진대 차라
리 장가들지 않는 것이 좋겠나이다

11 예수께서 이르시되 그러나 모든 사람이 독신으로 살수는 없
느니라 이 말은 오직 타고난 자라야 받을 수 있느니라

12 어머니의 태로부터 된 고자도 있고 사람이 만든 고자도 있
고 천국을 위하여 스스로 된 고자도 있도다 스스로 결심하
여 천국을 위하여 혼자 살기로 한 사람이 그 어디에 있어 이
말을 받을 만하거든 받을 지어다

13 그 때에 사람들이 예수께서 안수하고 기도해주심을 바라고
어린 아이들을 데리고 예수께로 오매 제자들이 꾸짖거늘

14 예수께서 이르시되 어린 아이들을 용납하고 내게 오는 것을
금하지 말라 천국이 이런 사람의 것이니라 하시고

15 그들에게 안수하시고 거기를 떠나시니라

16 어떤 사람이 주께 와서 이르되 선생님이여 내가 무슨 선한
일을 하여야 영생을 얻으리이까

17 예수께서 이르시되 어찌하여 선한 일을 내게 묻느냐 세상에
선한 이가 어디 있느냐 선한 이는 오직 한 분이시니라 네가

영원한 생명을 얻어 아버지 집에 들어가려면 계명들을 지키라

18 이르되 어느 계명이오니이까 예수께서 이르시되 살인하지 말라 간음하지 말라 도둑질하지 말라 거짓 증언하지 말라

19 네 부모를 공경하라 네 이웃을 네 자신과 같이 사랑하라 하신 것이니라

20 그 청년이 이르되 이것은 십계명이 아니니이까 이 모든 것을 내가 지켰사온데 아직도 무엇이 부족하니이까

21 그러나 이 청년이 참으로 이웃을 사랑하지 않은 것을 아셨으므로 예수께서 이르시되 네가 참으로 네 이웃을 네 자신과 같이 사랑하였느냐 참으로 영원한 생명을 얻기에 온전하고자 할진대 그렇다면 가서 네 소유를 팔아 가난한 자들에게 주라 그리하면 하늘에서 보화가 네게 있으리라 그리고 와서 나를 따르라 하시니

22 그 청년이 재물이 많으므로 이 말씀을 듣고 근심하며 가니라. 이는 청년이 재물 욕심이 많으매 예수 안에 있는 영생보다 재물을 따라갔더라. 또한 이 청년은 천국 가는 길은 하나님의 아들을 믿는 것인 줄을 몰랐으므로 자신의 선행으로 천국 가는 줄 알았더라

23 예수께서 제자들에게 이르시되 내가 진실로 너희에게 이르노니 부자는 천국에 들어가기가 어려우니라

24 다시 너희에게 말하노니 부자가 하나님 나라에 들어가는 것

보다 낙타가 바늘귀로 들어가는 것이 더 쉬우니라 하신대

25 제자들이 듣고 몹시 놀라 이르되 그렇다면 누가 구원을 얻을 수 있으리이까

26 예수께서 그들을 보시며 이르시되 사람으로는 할 수 없으나 하나님으로서는 다 하실 수 있느니라

27 이에 베드로가 대답하여 이르되 보소서 우리가 모든 것을 버리고 주를 따랐사오니 그런즉 우리가 무엇을 얻으리이까

28 예수께서 이르시되 내가 진실로 너희에게 이르노니 세상이 새롭게 되어 인자가 자기 영광의 보좌에 앉을 때에 나를 따르는 너희도 열두 보좌에 앉아 이스라엘 열두 지파를 심판하리라

29 또 내 이름을 위하여 집이나 형제나 자매나 부모나 자식이나 전토를 희생당한 자마다 여러 배를 받고 또 영생을 상속받으리라

30 그러나 먼저 된 자로서 나중 되고 나중 된 자로서 먼저 될 자가 많으니라 하시니 이는 아브라함의 자손으로 태어나 이방 민족에 비하면 먼저 된 자의 복을 받았으나 예수를 거절하니 나중 된 자가 되어 어두운데 쫓겨나게 되리라는 말씀이더라

20장

1 천국은 마치 품꾼을 얻어 포도원에 들여보내려고 이른 아침에 나간 집 주인과 같으니

2 그가 하루 한 데나리온씩 품꾼들과 약속하여 포도원에 들여보내더라

하루 품삯은 한 데나리온이었더라

3 제 삼시에 나가 보니 장터에 놀고 서 있는 사람들이 또 있는지라

제 삼시는 오전 아홉시더라. 유대인들은 아침 여섯시부터 영시로 계산하여 아침 일곱 시는 제 한시, 아침 여덟시는 제 두시로 계산하니 제 삼시는 오전 아홉시더라

4 그들에게 이르되 너희도 포도원에 들어가라 내가 너희에게 상당하게 주리라 하니 그들이 가고

5 제 육시와 제 구시에 또 나가 그와 같이 사람들을 불러들이고

6 제 십일시에도 나가 보니 서 있는 사람들이 또 있는지라

7 이르되 너희는 어찌하여 종일토록 놀고 여기 서 있느냐 이르되 우리를 품꾼으로 쓰는 이가 없음이니이다 이르되 너희도 포도원에 들어가라 하니 이들은 한 시간만 일하게 되었더라

8 이에 저물어 일이 끝나매 포도원 주인이 청지기에게 이르되

품꾼들을 불러 나중 온 자로부터 시작하여 먼저 온 자까지 삯을 주라 하니

9 제 십일시에 온 자들이 와서 하루 품삯인 한 데나리온씩을 받거늘

10 먼저 온 자들이 와서 더 받을 줄 알았더니 저희도 한 데나리온씩 받은지라

11 받은 후 집 주인을 원망하여 이르되

12 나중 온 이 사람들은 한 시간밖에 일하지 아니하였거늘 종일 수고하며 더위를 견딘 우리와 똑같이 그들에게도 동일한 일당을 주었나이다 하니

13 주인이 그 중의 한 사람에게 대답하여 이르되 친구여 내가 네게 잘못한 것이 없노라 네가 나와 한 데나리온의 약속을 하지 아니하였느냐 내가 네게 약속을 지키지 아니하였느냐

14 네 것이나 가지고 가라 나중 온 이 사람에게 너와 같이 주는 것이 내 뜻이니라

15 내 것을 가지고 내 뜻대로 할 것이 아니냐 내가 선하므로 네가 악하게 보느냐 하더라 생각해보라. 이 주인은 조금 일한 사람에게도 하루 품삯으로 매겨주니 이는 좋은 주인이라. 다만 먼저 일한 자들이 시기심에 눈이 멀어 좋은 주인을 몰라보더라

16 이와 같이 이스라엘도 먼저 된 자로서 나중 되는 일이 있게 되며 또한 나중 되어 뒤늦게 인자를 믿는 나라들이 먼저 되

는 일이 있게 되리라

17 예수께서 예루살렘으로 올라가려 하실 때에 열두 제자를 따로 데리고 길에서 이르시되

18 보라 우리가 예루살렘으로 올라가노니 인자가 대제사장들과 서기관들에게 넘겨지매 그들이 죽이기로 결의하고

19 이방인들에게 넘겨주어 그를 조롱하며 채찍질하며 십자가에 못 박게 할 것이나 제 삼일에 살아나리라

20 그 때에 세베대의 아들의 어머니가 그 두 아들 야고보와 요한을 데리고 예수께 와서 절하며 무엇을 구하니

21 예수께서 이르시되 무엇을 원하느냐 이르되 나의 두 아들을 주의 나라에서 하나는 주의 우편에 하나는 주의 좌편에 앉게 명하소서

22 예수께서 대답하여 이르시되 너희는 너희가 구하는 것을 알지 못하는 도다 그 자리에 앉기까지 무슨 일을 감당해야 하는 줄 알지 못하는 도다 내가 마시려는 잔을 마실 수 있느냐 하시니 이는 내가 짊어져야 할 십자가를 너희가 짊어질 수 있느냐 하는 뜻이더라. 그러나 그들은 그 뜻을 모르고 말하되 할 수 있나이다 하더라

23 이르시되 너희가 과연 내 잔을 마실지라도 내 좌우편에 앉는 것은 내가 주는 것이 아니라 내 아버지께서 누구를 위하여 예비하셨든지 그들이 얻을 것이니라

24 나머지 열 제자가 밖에서 듣고 그 두 형제에 대하여 분히 여

기거늘

25 예수께서 아시고 제자들을 불러다가 이르시되 세상의 집권자들은 자기 임의대로 주관하고 그 고위관료들은 권세를 부리는 줄을 너희가 알거니와

26 너희 제자들은 그렇지 않아야 하나니 너희 중에 누구든지 크고자 하는 자가 있느냐 그는 도리어 너희를 섬기는 자가 되고

27 너희 중에 누구든지 으뜸이 되고자 하는 자는 도리어 너희의 종이 되어야 하리라

28 인자가 온 것은 섬김을 받으려 함이 아니라 도리어 섬기려하고 또한 너희 죽음의 형벌을 인자의 목숨으로 대신하고자 왔노라 이로써 너희의 형벌을 내가 짊어졌으니 너희는 받을 형벌이 없도다 너희도 이와 같이 서로 섬기라 하시니라

29 그들이 여리고에서 떠나갈 때에 큰 무리가 예수를 따르더라

30 맹인 두 사람이 걸인으로서 길 가에 앉았다가 예수께서 지나가신다 함을 듣고 소리 질러 이르되 주여 우리를 불쌍히 여기소서 다윗의 자손이여 하니

31 무리가 두 맹인을 꾸짖어 잠잠하라 하되 포기하지 아니하고 더욱 소리 질러 이르되 주여 우리를 불쌍히 여기소서 다윗의 자손이여 하는지라

32 예수께서 머물러 서서 그들을 불러

33 이르시되 너희에게 무엇을 하여 주기를 원하느냐 이르되 주

여 우리가 눈 뜨기를 원하나이다

34 예수께서 불쌍히 여기사 그들의 눈을 만지시니 곧 보게 되

어 그들이 그 길로 예수를 따르니라

21장

1 그들이 예루살렘에 가까이 와서 감람산 벳바게에 이르렀을 때에 예수께서 두 제자를 보내시며

2 이르시되 너희 맞은 편 마을로 가라 곧 매인 나귀와 나귀 새끼가 함께 있는 것을 보리니 풀어 내게로 끌고 오라

3 만일 누가 무슨 말을 하거든 주께서 쓰시겠다 하라 그리하면 즉시 보내리라 하시니

4 이는 선지자를 통하여 하신 말씀을 이루려 하심이라 일렀으되

5 시온 딸에게 이르기를 네 왕이 네게 임하나니 그는 겸손하여 나귀 곧 멍에 메는 짐승의 새끼를 탔도다 하심을 이루려 하심이더라

6 제자들이 가서 본즉 나귀 새끼가 문 앞 거리에 매여 있는지라 그것을 푸니 거기 서 있는 사람 중 어떤 이들이 이르되 나귀 새끼를 풀어 무엇하려느냐 하매 제자들이 예수께서 명하신대로 하여 나귀 주인에게 전하니 이에 허락하는지라

7 나귀와 나귀 새끼를 끌고 와서 자기들의 겉옷을 그 위에 얹으매 예수께서 그 위에 타시니

8 무리의 대다수는 그들의 겉옷을 길에 펴고 다른 이들은 나뭇가지를 베어 길에 펴니 큰 기쁨과 큰 소리가 울려퍼지는데

9 앞에서 가고 뒤에서 따르는 무리가 소리를 높여 이르되 호산나 다윗의 자손이여 찬송하리로다 주의 이름으로 오시는 이여 가장 높은 곳에서 호산나 하더라. 호산나를 번역하면 우리를 구원하소서라는 뜻이더라

10 예수께서 예루살렘에 들어가시니 무리들이 기뻐하며 찬송과 호산나를 외치는 소리로 인하여 온 성이 소동하여 이르되 이는 누구냐 하거늘

11 무리가 이르되 갈릴리 나사렛에서 나온 선지자 예수라 하니라

12 예수께서 성전에 들어가사 성전 안에서 매매하는 모든 사람들을 내쫓으시며 돈 바꾸는 사람들의 상과 비둘기 파는 사람들의 의자를 둘러엎으시고 어떤 장사꾼도 물건을 가지고 성전 안으로 지나다님을 허락하지 아니 하시더라

하나님께 제사 드릴 때 소나 양 혹은 가난한 자들은 비둘기를 제물로 드리기도 하였으므로 성전 안에 소나 양, 비둘기를 파는 자들이 있었더라

13 그들에게 이르시되 기록된바 **내 집은 기도하는 집이라**고 **사람들**이 **말하게 되리라** 하였거늘 너희는 강도의 소굴을 만드는도다 하시니라

14 맹인과 저는 자들이 성전에서 예수께 나아오매 고쳐주시더라. 이와 같이 성전에서 드러내어 일하시니 주께서 잡히실 날이 사나흘로 다가왔더라

15 대제사장들과 서기관들이 예수께서 하시는 이상한 일과 또 성전에서 소리 질러 호산나 다윗의 자손이여 하는 어린이들을 보고 분을 내어

16 예수께 말하되 그들이 하는 말과 아이들이 부르는 노래 소리를 듣느냐 네가 누구이기에 저 노래를 듣느냐 네가 무엇이기에 저 말 소리를 듣느냐 네 귀에 들리느냐 예수께서 이르시되 그렇다 너희가 성경에서 **어린 아기와 젖먹이들의 입에서 나오는 찬미를 그대로 이루셨나이다** 함을 너희가 읽어 본 일이 없느냐 하시고

17 그들을 떠나 성 밖으로 베다니에 가서 거기서 유하시니라

18 이튿날 이른 아침에 성으로 들어오실 때에 시장하신지라

19 길 가에서 한 무화과나무를 보시고 그리로 가사 잎사귀 밖에 아무 것도 찾지 못하시니 나무에게 이르시되 이제부터 영원토록 네가 열매를 맺지 못하리라 하실 때 제자들이 주께서 하시는 말씀을 들었더니 그 다음 날 아침에 들어올 때 무화과나무가 말라 있는지라

20 제자들이 보고 이상히 여길 때에 베드로가 여짜오되 랍비여 보소서 저주하신 무화가 나무가 말랐나이다 어찌하여 곧 마르게 되었나이까 하니

21 예수께서 대답하여 이르시되 내가 진실로 너희에게 이르노니 만일 너희가 믿음이 있고 의심하지 아니하면 이 무화과나무에게 된 이런 일만 할뿐 아니라 이 산더러 들려 바다에

던져지라 하여도 될 것이요

22 너희가 기도할 때에 무엇이든지 믿고 구하는 것은 다 받으리라 하시니라

23 예수께서 성전에 들어가 가르치실 새 대제사장들과 백성의 장로들이 나아와 이르되 네가 무슨 권위로 이런 일을 하느냐 또 누가 이 권위를 주었느냐

24 예수께서 대답하시되 나도 한 말을 너희에게 물으리니 너희가 대답하면 나도 무슨 권위로 이런 일을 하는지 이르리라

25 요한의 침례가 어디로부터냐 하나님의 보내심이냐 아니면 침례요한 그가 스스로가 한 일이냐 하니 그들이 서로 의논하여 이르되 만일 하나님의 보내심이라 하면 어찌하여 그를 믿지 아니하였느냐 할 것이요

26 만일 그가 스스로 한 것이라 하면 모든 사람이 요한을 선지자로 여기니 백성이 두렵도다 하여 의논한 후

27 예수께 대답하여 이르되 하나님의 보내심인지 그 사람 스스로 한 일인지 우리가 알지 못하노라 하니 예수께서 이르시되 너희 대답이 그러하니 나도 내가 무슨 권위로 이런 일을 하는지 너희에게 이르지 아니하리라 하시니 저희가 말을 못하더라

28 예수께서 지금까지는 바리새인들을 피하였으나 이제 더는 피하지 아니하시더라. 그 뿐 아니요 비유로서 바리새인들의 잘못을 드러내시더라. 이에 그들에게 물어 이르시되 그러나

너희 생각에는 어떠하냐 어떤 사람에게 두 아들이 있는데 맏아들에게 가서 이르되 아들아 오늘 포도원에 가서 일하라 하니

29 대답하여 이르되 아버지여 가겠나이다 대답만 하고 가지 아니하였고

30 둘째 아들에게 가서 또 그와 같이 말하니 대답하여 이르되 싫소이다 대답한 후에 뉘우치고 갔으니

31 그 둘 중의 누가 아버지의 뜻대로 하였느냐 하시니 바리새인들이 답하기를 둘째 아들이니이다 예수께서 그들에게 이르시되 내가 진실로 너희에게 이르노니 세리들과 창녀들이 너희보다 먼저 하나님의 나라에 들어가리라

32 요한이 의의 도로 너희에게 왔거늘 너희는 겉으로는 예 하는 모양새를 갖추었으나 너희는 그를 믿지 아니하였으되 세리와 창녀는 아니오 하는 모양새였으나 마음으로는 믿었도다 너희는 이것을 보고도 끝내 뉘우쳐 믿지 아니하였도다

33 다시 한 비유를 들으라 한 집 주인이 포도원을 만들어 산울타리로 두르고 거기에 즙 짜는 틀을 만들고 망대를 짓고 농부들에게 세를 주고 타국에 갔더니

34 열매 거둘 때가 가까우매 그 열매를 받으려고 자기 종들을 농부들에게 보내니

35 농부들이 종들을 잡아 하나는 심히 때리고 하나는 죽이고 하나는 돌로 쳤거늘

36 다시 다른 종들을 처음보다 많이 보내니 그들에게도 그렇게 하였는지라

37 후에 자기 아들을 보내며 이르되 그들이 내 아들은 존대하리라 하였더니

38 농부들이 그 아들을 보고 서로 말하되 이는 상속자니 죽이고 그의 유산을 차지하자 하고

39 이에 잡아 포도원 밖에 내쫓아 죽였느니라

40 그러면 포도원 주인이 올 때에 그 농부들을 어떻게 하겠느냐

41 바리새인들이 말하되 그 악한 자들을 진멸하고 포도원은 제 때에 열매를 바칠 만한 다른 농부들에게 세로 줄지니이다 하더라

이 비유의 뜻은 포도원 주인은 하나님이요 농부들은 바리새인들이요 주인이 보낸 종들은 선지자들이요 주인의 아들은 예수를 가리킴이었더라

42 예수께서 이르시되 너희가 성경에 **건축자들의 버린 돌이 모퉁이의 머릿돌이 되었나니 이것은 주로 말미암아 된 것이요 우리 눈에 기이하도다** 함을 읽어 본 일이 없느냐 하시니 건축자들은 바리새인들이요 버린 돌은 하나님의 아들이요 모퉁이의 머릿돌은 아주 중요한 역할을 한다는 뜻으로써 바리새인들은 하나님의 아들을 버렸지만 그 아들은 모든 사람에게 영생을 주고자 자신의 생명을 모든 사람 대신 제물로 드

리게 되는 우리에게는 매우 중요한 하나님의 아들이라는 뜻
이더라

43 그러므로 내가 너희에게 이르노니 하나님의 나라를 너희는
빼앗기고 그 나라의 열매 맺는 백성이 받으리라

44 이 돌 위에 떨어지는 자는 깨지겠고 이 돌이 사람 위에 떨어
지면 그를 가루로 만들어 흩으리라 하시니

45 대제사장들과 바리새인들이 예수의 비유를 듣고 자기들을
가리켜 말씀하심인 줄 알고

46 잡고자 하나 무리를 무서워하니 이는 그들이 예수를 선지자
로 앎이었더라

22장

1 예수께서 다시 바리새인들과 믿지 않는 자들이 전도를 거절
하게 될 것에 대하여 비유로 이르시되

2 천국은 마치 자기 아들을 위하여 혼인잔치를 베푼 어떤 임
금과 같으니

3 그 종들을 보내어 그 청한 사람들을 혼인잔치에 오라 하였
더니 오기를 싫어하거늘

4 다시 다른 종들을 보내며 이르되 청한 사람들에게 이르기를
내가 오찬을 준비하되 나의 소와 살진 짐승을 잡고 모든 것
을 갖추었으니 혼인잔치에 오소서 하라 하였더니

5 그들이 돌아보지도 않고 한 사람은 자기 밭으로 한 사람은
자기 사업하러 가고

6 그 남은 자들은 종들을 잡아 모욕하고 죽이니

7 임금이 노하여 군대를 보내어 그 살인한 자들을 진멸하고
그 동네를 불사르고

8 이에 종들에게 이르되 혼인잔치는 준비되었으나 청한 사람
들은 합당하지 아니하니

9 사거리 길에 가서 사람을 만나는 대로 혼인잔치에 청하여
오라 한대

10 종들이 길에 나가 악한 자나 선한 자나 만나는 대로 모두 데
려오니 혼인잔치에 손님들이 가득한지라

11 임금이 손님들을 보러 들어올 새 잔치에 들어올 자격도 갖
추지 않고 예복을 입지 않은 한 사람을 보고

12 이르되 친구여 어찌하여 예복을 입지 않고 여기 들어왔느냐
하니 그가 아무 말도 못하거늘

13 임금이 사환들에게 말하되 그 손발을 묶어 바깥 어두운 데
에 내던지라 거기서 슬피 울며 이를 갈게 되리라

14 초청함을 받은 자는 많되 초청에 나오는 자는 적으니라

15 이에 바리새인들이 자기들을 두고 말씀하신 비유인줄 알고
분 내어 돌아가서 어떻게 하면 예수를 말의 실수에 걸리게
하여 잡을까 상의하고

16 자기 제자들을 헤롯 당원들과 함께 예수께 보내어 말하되
선생님이여 우리가 아노니 당신은 참되시고 진리로 하나님
의 도를 가르치시며 아무 꺼리는 일이 없으시니 이는 사람
을 외모로 보지 아니 하심이니이다 하고 예수를 높이더니

17 그러면 당신의 생각에는 어떠한지 우리에게 이르소서 로마
황제 가이사에게 세금을 바치는 것이 옳으니이까 옳지 아니
하니이까 하니

18 예수께서 그들의 악함을 아시고 이르시되 외식하는 자들아
어찌하여 나를 시험하느냐

19 세금 낼 돈을 내게 보이라 하시니 데나리온 하나를 가져 왔
거늘

20 예수께서 말씀하시되 이 형상과 이 글이 누구의 것이냐 하

니 동전에는 황제의 이름과 황제의 얼굴이 새겨져 있어서
그렇게 물으셨더라

21 이르되 가이사의 것이니이다 이에 이르시되 그런즉 가이사
의 것은 가이사에게 하나님의 것은 하나님께 바치라 하시니

22 그들이 이 말씀을 듣고 그 지혜에 놀라 예수를 떠나가니라

23 이번에는 부활이 없고 죽음으로써 모든 것이 끝이라고 하는
사두개파 종교인들이 그 날 예수께 와서 물어 이르되

24 선생님이여 모세가 일렀으되 사람이 만일 자식이 없이 죽으
면 그 동생이 그 아내에게 장가들어 형을 위하여 상속자를
세울 지니라 하였나이다

25 우리 중에 칠 형제가 있었는데 맏이가 장가들었다가 죽어
상속자가 없으므로 그 아내를 그 동생에게 물려주고

26 그 둘째와 셋째로 일곱째까지 그렇게 하다가

27 최후에 그 여자도 죽었나이다

28 그런즉 그들이 다 그 여자를 취하였으니 부활 때에 일곱 중
에 누구의 아내가 되리이까 물으니 이는 사두개파 사람들은
부활을 믿지도 않으면서 오직 예수를 곤경에 처하게 하려고
부활 때 일곱 형제 중에 누구의 아내가 되리이까 하였더라

29 예수께서 대답하여 이르시되 너희가 성경도 하나님의 능력
도 알지 못하는고로 오해하였도다

30 부활 때에는 장가도 아니 가고 시집도 아니 가고 하늘에 있
는 천사와 같으니라

31 죽은 자의 부활을 논할진대 하나님이 너희에게 말씀하신 바

32 나는 아브라함의 하나님이요 이삭의 하나님이요 야곱의 하나님이다 하신 것을 읽어 보지 못하였느냐 죽은 후에 하나님을 의지할 일이 있겠느냐 그러므로 죽은 자는 하나님을 찾지도 않으니 하나님은 살아 있는 자의 하나님이시니라 하시니

33 무리가 듣고 그의 가르치심에 놀라더라

34 예수께서 사두개인들로 대답할 수 없게 하셨다 함을 바리새인들이 듣고 모였는데

35 그 중의 한 율법사가 예수를 시험하여 묻되

36 선생님 율법 중에서 어느 계명이 크니이까

37 예수께서 이르시되 네 마음을 다하고 목숨을 다하고 뜻을 다하여 주 너의 하나님을 사랑하라 하셨으니

38 이것이 크고 첫째 되는 계명이요

39 둘째도 그와 같으니 네 이웃을 네 자신 같이 사랑하라 하셨으니

40 이 두 계명이 온 율법이 말하는 바요 모든 선지자들의 가르침이니라
눈에 보이지 않는 하나님을 사랑하는 법은 눈에 보이는 이웃을 사랑하는 것이니라

41 바리새인들이 모였을 때에 예수께서 그들에게 물으시되

42 너희는 그리스도에 대하여 어떻게 생각하느냐 누구의 자손

이냐 하시니 이는 쉬운 질문이라. 저들이 대답하되 다윗의
자손이니이다

43 이르시되 그러면 다윗이 성령에 감동하여 어찌 자기의 후손
인 그리스도를 주라 불렀느냐 다윗이 말한 것을 읽어보라

44 하나님께서 내 주 그리스도께 이르시되 내가 네 원수 마귀
를 네 발 아래 낮추게 할 때까지 너는 내 우편에 앉아 있으
라 하셨도다 하였느니라

45 다윗이 그리스도를 주라 칭하였은즉 어찌 그의 자손이 되겠
느냐 하시니

46 한 마디도 능히 예수께 대답하는 자가 없고 그 날부터 감히
예수에게 묻는 자도 없더라

23장

1 이에 예수께서 무리와 제자들에게 서기관과 바리새인들에 대하여 말씀하시기를

2 서기관들과 바리새인들이 모세의 자리에 앉아 지도자 행세를 하니

3 그러므로 무엇이든지 그들이 말하는 바는 행하고 지키되 그들이 하는 행위는 본받지 말라 그들은 말만 하고 행하지 아니하며

4 또 사람들에게 이것도 지켜라 저것도 지켜라 온갖 무거운 짐을 사람의 어깨에 지우되 자기는 이것을 한 손가락으로도 움직이려 하지 아니하며

5 자기들의 모든 행위를 하나님이 아닌 사람들에게 드러나도록 보여서 사람들로부터 인정과 칭찬을 받고자 하느니라 바리새인들이 한 행동 중에는 이런 옳지 않은 것들을 행하기도 하였는데 율법의 의하면 율법 말씀을 적어서 작은 통에 담아 이마에 붙이고 다니라 하였는지라 그 이마에 말씀 상자를 붙였음을 사람들에게 자랑하고자 눈에 띄게 하려고 그 띠를 점차 넓게 하여 사람들 눈에 잘 보이도록 애썼더라. 또 바리새인들이 입는 종교 의복의 옷 술을 점점 더 길게 하여 자신들이 사람들의 눈에 잘 보이도록 하였더라

6 잔치집에 가면 윗자리에 앉고 회당에 가면 높은 자리에 앉

아야 만족하고

7 시장에서 문안 받는 것과 사람에게 랍비라 칭함을 받는 것을 좋아하느니라

8 그러나 너희는 랍비라 칭함을 받지 말라 너희 선생은 하나요 너희는 다 형제니라 랍비는 선생이라는 뜻이더라

9 땅에 있는 자를 아버지라 하지 말라 너희의 아버지는 한 분이시니 곧 하늘에 계신 이시니라

10 또한 지도자라 칭함을 받지 말라 너희의 지도자는 한 분이시니 곧 그리스도시니라

11 너희 중에 큰 자가 되고 싶느냐 너희를 섬기는 자가 되어야 하리라

12 누구든지 자기를 높이는 자는 낮아지고 누구든지 자기를 낮추는 자는 높아지리라

13 화 있을진저 외식하는 서기관들과 바리새인들이여 너희는 천국 문을 사람들 앞에서 닫고 너희도 들어가지 않고 들어가려 하는 자도 들어가지 못하게 하는도다 천국 문을 닫았다 함은 천국에 가려면 이것도 지켜라 저것도 지켜라 하여 그 가는 길을 어렵게 만들어서 아무도 못가도록 포기하게 만들었다는 뜻이더라

14 (없음)

15 화 있을진저 벌 받을 진저 외식하는 서기관들과 바리새인들이여 너희는 성도 한 사람을 얻기 위하여 바다와 육지를 두

루 다니다가 생기면 이것도 지켜라 저것도 지켜라 하면서
지키지도 못할 온갖 규칙으로 옭아매어 너희보다 배나 더
지옥 자식이 되게 하는 도다

16 화 있을진저 눈 먼 인도자여 너희가 말하되 누구든지 성전
으로 맹세하면 안 지켜도 아무 일 없거니와 성전의 금으로
맹세하면 지킬지라 하는도다

17 어리석은 맹인들이여 어느 것이 크냐 금이냐 그 금을 거룩
하게 하는 성전이냐

18 너희가 또 이르되 누구든지 제단으로 맹세하면 못 지켜도
아무 일 없거니와 그 위에 있는 예물로 맹세하면 지킬 지라
하는 도다

19 맹인들이여 어느 것이 크냐 그 예물이냐 그 예물을 거룩하
게 하는 제단이냐

20 그러므로 제단으로 맹세하는 자는 제단과 그 위의 제물까지
걸고 맹세함이요

21 또 성전으로 맹세하는 자는 성전과 그 안에 계신 이로 맹세
함이요

22 또 하늘로 맹세하는 자는 하나님의 보좌와 그 위에 앉으신
이로 맹세함이니라

23 화 있을진저 외식하는 서기관들과 바리새인들이여 너희가
텃밭에서 나는 채소의 작은 것까지도 계산하여 십일조를 드
리되 율법의 더 중한 바 올바른 삶과 남을 불쌍히 여기는 삶

과 하나님의 아들을 믿는 믿음은 버렸도다 그러나 십일조도
행하고 믿음도 버리지 말아야 할지니라 하시더라

십일조는 소득을 얻게 되면 그것의 십분의 일을 하나님께
드리는 것이라. 하나님께서 말씀하시기를 소득의 십분의 일
을 드리는 십일조는 나의 것이니 십일조를 하지 않는 자는
하나님의 것을 도둑질하는 것이라 하였더라. 그러므로 십일
조를 하지 않는 일로 말미암아 이스라엘 백성들에게 왜 나
의 것을 도둑질 하였느냐 라고 말씀도 하셨더라. 하나님께
서 이스라엘 백성들에게 말씀하시기를 속이지 않는 온전한
십일조를 창고에 들여 나의 성전에 양식이 있게 한 후에 그
로 말미암아 나를 시험하여 내가 하늘 문을 열고 너희에게
복을 쌓을 곳이 없도록 붓지 아니하나 보라 하셨더라. 또한
더 말씀하시기를 만군의 여호와가 이르노라 내가 너희를 위
하여 메뚜기를 금하여 너희 토지소산을 먹어 없애지 못하게
하여 너희 밭의 포도나무 열매가 기한 전에 떨어지지 않게
하리니 너희 땅이 아름다워지므로 모든 이방인들이 너희를
복되다 하리라 만군의 여호와의 말이니라 하셨더라. 그러므
로 예수께서 올바른 삶과 이웃을 불쌍히 여김과 믿음도 버
리지 말아야 하고 십일조도 버리지 말고 행하라 하셨더라

24 계속해서 예수께서 바리새인들에게 이르시되 맹인 된 인도
자여 하루살이는 걸러 내고 낙타는 삼키는 도다 하시더라

이 비유는 바리새인들에게 득이 되지 못한 것은 걸러내 버

리고 자기들에게 득이 되는 것들은 삼키더라는 꾸짖음이었더라

25 화 있을진저 외식하는 서기관들과 바리새인들이여 잔과 대접의 겉은 깨끗이 하되 그 안에는 탐욕과 방탕이 가득하도다

26 눈 먼 바리새인이여 너는 먼저 안을 깨끗이 하라 그리하면 겉도 깨끗하리라

27 화 있을진저 외식하는 서기관들과 바리새인들이여 무덤 밖을 횟가루로 칠하여 희고 깨끗하게 보이려는 자들이여 겉으로는 아름답게 보이나 그 안에는 죽은 사람의 뼈와 모든 더러운 것이 가득하도다

28 이와 같이 너희도 겉으로는 사람에게 옳게 보이되 안으로는 외식과 불법이 가득하도다 하나님은 너희의 더러운 속을 보시는도다

29 화 있을진저 외식하는 서기관들과 바리새인들이여 너희는 너희 이전의 선지자들의 무덤을 만들고 의인들의 비석을 꾸미며 이르되

30 만일 우리가 조상 때에 있었더라면 우리는 우리 조상들이 선지자의 피를 흘리는데 참여하지 아니하였으리라 하니

31 그러면 너희가 선지자를 죽인 자의 자손임을 스스로 증명함이로다

32 너희가 이제는 나를 죽여 너희 조상의 못다 채운 죄악의 분

량을 채우라

33 뱀들아 독사의 새끼들아 너희가 어떻게 지옥의 판결을 피하
겠느냐

34 그러므로 내가 너희에게 선지자들과 지혜 있는 자들과 서기
관들을 보내매 너희가 그 중에서 더러는 죽이거나 십자가에
못 박고 그 중에서 더러는 너희 회당에서 채찍질하고 이 동
네에서 저 동네로 따라 다니며 박해하리라

35 그러므로 의인 아벨의 피로부터 성전과 제단 사이에서 너희
가 죽인 바라갸의 아들 사가랴의 피까지 땅 위에서 흘린 의
로운 피의 대가를 너희가 받게 되리라

아벨은 아담의 둘째 아들로 하나님이 기뻐하실만한 제사를
드렸으므로 받으시고 형 가인의 제물은 받지 않으신지라 이
일로 인해 동생을 시기하여 들에 있을 때 가인이 자신의 동
생 아벨을 돌로 쳐 죽였고 바라갸의 아들 사가랴는 침례요
한의 아버지로서 당대의 흠이 없는 의인이었으나 바리새인
들이 성전 안에서 죽였더라

36 내가 진실로 너희에게 이르노니 이 피의 대가가 다 이 세대
에게 돌아가리라

37 예루살렘아 예루살렘아 선지자들을 죽이고 네게 파송된 자
들을 돌로 치는 자여 암탉이 그 새끼를 날개 아래에 모음 같
이 내가 네 자녀를 모으려 한 일이 몇 번이더냐 그러나 너희
가 원하지 아니하였도다

38 보라 너희 집과 예루살렘 성전이 황폐하여 버려진 바 되리라

39 내가 너희에게 이르노니 이제부터 너희는 찬송하리로다 주의 이름으로 오시는 이여 할 때까지 나를 보지 못하리라 내가 곧 올라가리니 다시 오기 전까지는 나를 보지 못하리라

24장

1 예수께서 성전에서 나와서 가실 때에 제자들이 성전 건물들을 가리켜 보이며 말씀드리려고 나아오니

2 대답하여 이르시되 너희가 이 모든 것을 보지 못하느냐 내가 진실로 너희에게 이르노니 돌 하나도 돌 위에 남지 않고 이 성이 다 무너뜨려지리라

3 예수께서 감람산 위에 앉으셨을 때에 제자들이 조용히 와서 이르되 우리에게 이르소서 어느 때에 이런 일이 있겠사오며 또 주의 임하심과 세상 끝에는 무슨 징조가 있사오리이까

4 예수께서 대답하여 이르시되 마지막 때에는 이런 현상들이 나타나리니 거짓 목사들과 거짓 그리스도가 많이 일어날 것인즉, 이들에게 유혹 당하지 않도록 주의하라

5 많은 사람이 내 이름으로 와서 이르되 내가 그리스도라 하며 많은 사람을 미혹하리니 분별력 없는 무지한 사람들이 말씀을 모르매 그를 따르기도 하리라

6 난리와 난리의 소문을 듣겠으나 너희는 삼가 두려워 말라 이런 일이 있어야 하되 아직 끝은 아니니라

7 민족이 민족을 대적하여 내전이 일어나겠고 나라가 나라를 대적하여 전쟁이 일어나겠고 곳곳에 기근과 지진이 있으리니

8 이 모든 것은 세상 끝에 일어나는 재난의 시작이니라

9 그 때에 사람들이 믿는 너희를 환난에 넘겨주겠으며 믿는 너희를 죽이리니 너희가 내 이름 때문에 모든 민족에게 미움을 받으리라

10 그 때에 많은 사람이 옳은 길을 잃어 버려 서로 잡아주고 서로 미워하겠으며

11 거짓 목사가 많이 일어나 많은 사람을 미혹하니 천국 길을 알지 못하리라

12 불법을 많이 행하게 되고 많은 사람의 사랑이 식어지리라

13 그러나 끝까지 견디는 자는 구원을 얻으리라

14 하나님의 아들의 이름이 모든 민족에게 증언되기 위하여 온 세상에 전파되리니 그제야 끝이 오리라

15 그러므로 너희가 선지자 다니엘이 예언한 바 멸망의 가증스런 우상이 예루살렘 성전의 제단 위에 세워지는 것을 보거든 (읽는 자는 그 일을 볼 때 깨달을진저)

16 그 때에 유대에 있는 자들은 산으로 도망할 지어다

17 지붕 위에 있는 자는 집 안에 있는 물건을 가지러 내려가지 말며

18 밭에 있는 자는 겉옷을 가지러 뒤로 돌이키지 말 지어다 돌이킬 시간도 없을 만큼 속히 대 전쟁이 일어나리니 목숨을 건질 자가 없으리라

19 그 날에는 아이 밴 자들과 젖 먹이는 자들은 빨리 도망을 갈 수 없으므로 인하여 화가 미치리로다

20 너희가 도망하는 일이 겨울이나 안식일이 되지 않도록 기도하라 이는 겨울에는 추위로 곤란하고 안식일에는 예배를 드리느라 위험에 처하게 되리라

21 이는 그 때에 큰 환난이 있겠음이라 창세로부터 지금까지 이런 환난이 없었고 후에도 없으리라

22 그 환난의 날들을 감하지 아니하면 모든 육체가 살아나지 못할 것이나 그러나 하나님의 택하신 자들을 위하여 그 날들을 감하시리라

23 그 때에 사람이 너희에게 말하되 보라 그리스도가 여기 있다 혹은 저기 있다 하여도 믿지 말라

24 거짓 그리스도들과 거짓 목사들이 일어나 큰 기적과 기이한 일들을 보여주며 할 수만 있으면 택하신 성도들도 미혹하게 되리라

25 보라 내가 너희에게 미리 말하였노라 잘 듣고 기억하고 있어야 하리라

26 그러므로 사람들이 너희에게 말하되 보라 그리스도가 광야에 있다 하여도 나가지 말고 보라 골방에 있다 하여도 믿지 말라

27 번개가 동편에서 번쩍하면 서편까지 비춰 알게 됨이니 인자의 임함도 온 세상에 일시에 알려지게 되리라 그러므로 그리스도가 여기 있다 저기 있다 말하는 자들은 거짓이니 그리스도는 어느 한 곳에 계시지 않고 온 세상이 알도록 오시

리라

28 주검이 있는 곳에는 독수리들이 모이는 것과 같이 깨어있지 못한 자들은 거짓 목사와 거짓 그리스도가 찾아와서 그 영혼을 훔쳐 먹으리라

29 그 날 환난 후에 즉시 해가 어두워지며 달이 빛을 내지 아니하며 별들이 하늘에서 떨어지며 하늘의 권능들이 흔들리리라

30 그 때에 인자의 징조가 하늘에서 보이겠고 그 때에 땅의 모든 족속들이 통곡하며 그들이 인자가 구름을 타고 능력과 큰 영광으로 오는 것을 보리니 그때서야 인자가 하나님의 아들이심을 알게 되나 때는 이미 늦었느니라 그러므로 그들이 하나님의 아들이 오심을 볼 때에 자기가 믿지 아니 하였으므로 지옥 갈 일이 무서워서 통곡하게 되리라

31 인자가 큰 나팔소리와 함께 천사들을 보내리니 천사들이 주의 택하신 믿는 성도들을 하늘 이 끝에서 저 끝까지 사방에서 모으리라 그들은 인자가 계시는 공중으로 순식간에 들려 올라가 공중에서 주를 맞이하게 되리라

32 무화과나무의 비유를 배우라 그 가지가 연하여지고 잎사귀를 내면 여름이 가까운 줄을 아나니

33 이와 같이 너희도 이 모든 일을 보거든 인자가 가까이 곧 문 앞에 이른 줄 알라 곧 끝날 날이 오리니 지금 기다려 주시는 이때에 믿어 영생을 얻어야 하리라

34 내가 진실로 너희에게 말하노니 이 일은 속히 일어나리니 주의하라 깨어있어라

35 천지는 없어질지언정 내 말은 없어지지 아니하리라

36 그러나 그 날과 그 때는 아무도 모르나니 하늘의 천사들도 아들도 모르고 오직 아버지만 아시느니라

37 노아의 때와 같이 인자의 임함도 그러하리라

38 홍수 전에 노아가 큰 방주를 만들면서 사람들에게 알리기를 하나님의 심판이 대홍수로 임하리니 회개하라 하였으되 사람들이 노아를 비웃으며 믿지 아니하더니 노아가 방주로 피하여 들어가던 마지막 날까지 먹고 마시고 장가들고 시집가는데

39 홍수가 나서 그들을 다 멸하기까지 깨닫지 못하였느니라 인자의 임함도 이와 같으리니 인자가 하늘에서 천사장의 호령으로 다시 오시는 그 마지막 날까지 하나님의 아들을 믿지 아니하다가 다시 오시는 그날에서야 보고 통곡하게 되리라

40 그 때에 두 사람이 밭에 있으매 한 사람은 데려감을 당하고 한 사람은 버려둠을 당할 것이요

41 두 여자가 맷돌질을 하고 있으매 한 사람은 데려감을 당하고 한 사람은 버려둠을 당할 것이라

42 그러므로 깨어 있으라 어느 날에 너희 주가 임할지 너희가 알지 못함이니라

43 너희도 아는 바니 만일 집 주인이 도둑이 어느 시각에 올 줄

을 알았더라면 깨어 있어 그 집을 뚫지 못하게 하였으리라

44 이러므로 너희도 믿음으로 준비하고 있으라 생각하지 않은 때에 인자가 오리라

45 충성되고 지혜 있는 종이 되어 주인에게 그 집 사람들을 맡아 때에 맞게 양식을 나눠주듯이 마지막 때에 맞는 말씀을 전하며 사람들을 건져낼 자가 누구냐

46 주인이 올 때에 그 종의 이렇게 하는 것을 보면 그 종이 복이 있으리로다

47 내가 진실로 너희에게 이르노니 주인이 그의 모든 소유를 그에게 맡기리라

48 만일 그 악한 종이 마음에 생각하기를 주인이 더디 오리라 하여

49 동무들을 때리며 술친구들과 더불어 먹고 마시며 세상에 빠져 살게 되면

50 생각지도 않은 날 알지 못하는 시간에 주인이 이르매 그 종이 후회할 것이요

51 엄히 때리고 외식하는 자가 받는 벌에 처하리니 거기서 슬피 울며 이를 갈리라

25장

1 그 때에 천국은 마치 등을 들고 신랑을 맞으러 나간 열 처녀
   와 같다 하리니

2 그 중에 다섯은 미련하고 다섯은 슬기로운 자라

3 미련한 자들은 등을 가지되 기름을 가지지 아니 하였으니
   이는 신앙의 겉모양은 있으되 참 믿음이 없어 하나님의 자
   녀가 되지 못한 자들이요

4 슬기로운 자들은 그릇에 기름을 담아 등과 함께 가져갔으니
   이는 속에 참 믿음이 있어 영생을 얻은 자들이라

5 신랑이 더디 오므로 다 졸며 잘 새

6 밤중에 소리가 나되 보라 신랑이로다 맞으러 나오라 하매

7 이에 그 처녀들이 다 일어나 등을 준비할 때

8 미련한 자들이 슬기로운 자들에게 이르되 우리 등불이 꺼져
   가니 너희 기름을 좀 나눠 달라 하거늘

9 슬기로운 자들이 대답하여 이르되 우리와 너희가 쓰기에 다
   부족할까 하니 차라리 파는 자들에게 가서 너희 쓸 것을 사
   라 하니

10 그들이 사러 간 사이에 신랑이 오므로 영생이 준비되었던
   자들은 함께 혼인잔치에 들어가고 문이 닫힌지라

11 그 후에 남은 처녀들은 하나님의 아들이 오고 나서야 영생
   을 준비한다고 하니 이미 늦게 되느니라 이 처녀들이 이르

되 주여 주여 우리에게 열어 주소서

12 대답하여 이르되 진실로 너희에게 이르노니 내가 너희를 알 지 못하노라 하니라

13 그런즉 깨어 있어라 너희는 그 날과 그 때를 알지 못하느니 라 하시니라. 깨어 있어라 하심은 주님이 다시 오실 그 날들 을 마음으로 헤아리며 영생을 준비하여 기다리라는 뜻으로 하신 말씀이더라

14 또 어떤 사람이 타국에 갈 때 그 종들을 불러 자기 소유를 맡 김과 같으니

15 각각 그 재능대로 한 사람에게는 금 다섯 달란트를 한 사람 에게는 두 달란트를 한 사람에게는 한 달란트를 맡겨주고 떠났더니

16 다섯 달란트 재능을 받은 자는 바로 가서 그 재능으로 주님 을 위하여 열심히 일하여 또 다섯 달란트를 남기고

17 두 달란트를 받은 자도 그같이 하여 또 두 달란트를 남겼으 되

18 한 달란트 받은 자는 주님을 위하여 아무 것도 하지 않고 가 서 땅을 파고 그 주인의 돈을 감추어 두었더니

19 오랜 후에 그 종들의 주인이 돌아와 그들과 결산할 때

20 다섯 달란트 받았던 자는 다섯 달란트를 더 가지고 와서 이 르되 주인이여 내게 다섯 달란트를 주셨는데 보소서 내가 또 다섯 달란트를 남겼나이다

21 그 주인이 이르되 잘 하였도다 착하고 충성된 종아 네가 적은 일에 충성하였으매 내가 많은 것을 네게 맡기리니 네 주인의 즐거움에 참여할 지어다 하고

22 두 달란트 받았던 자도 와서 이르되 주인이여 내게 두 달란트를 주셨는데 보소서 내가 또 두 달란트를 남겼나이다

23 그 주인이 이르되 잘 하였도다 착하고 충성된 종아 네가 적은 일에 충성하였으매 내가 많은 것을 네게 맡기리니 네 주인의 즐거움에 참여할 지어다 하고

24 한 달란트 받았던 자는 와서 이르되 주여 당신은 빈틈없는 사람이라 심지 않은 데서 거두고 뿌리지 않은 데서 모으는 줄을 내가 알았으므로

25 두려워하여 나가서 당신의 달란트를 땅에 감추어 두었나이다 여기 보소서 당신의 것을 드리나니 이제 당신의 것이 되었나이다

26 그 주인이 대답하여 이르되 악하고 게으른 종아 나는 심지 않은 데서 거두고 뿌리지 않은 데서 모으는 줄로 네가 나를 그리 알았느냐

27 그러면 네가 마땅히 내 돈을 이자 장사하는 자들에게 맡겼다가 내가 돌아와서 내 원금과 이자를 받게 하였을 것이 아니냐

28 그에게서 그 한 달란트를 빼앗아 열 달란트 가진 자에게 주라

29 무릇 인자를 마음에 두고 있는 자는 받아 풍족하게 되고 나를 받아들일 마음이 없는 자는 얼마 안 되는 그 마음조차도 빼앗기게 되리라

30 이 무익한 종을 바깥 어두운 데로 내쫓으라 거기서 슬피 울며 이를 갈리라

31 인자가 자기의 본래 영광으로 모든 천사와 함께 이 땅으로 다시 올 때에 자기 영광의 보좌에 앉으리니

32 모든 민족을 그 앞에 모으고 각각 구분하기를 목자가 양과 염소를 구분하는 것 같이 하여

33 양은 그 오른편에 염소는 왼편에 두리라

34 그 때에 임금이 그 오른편에 있는 자들에게 이르시되 내 아버지께 복 받을 자들이여 나아와 창세 때부터 너희를 위하여 예비해 놓은 나라를 상속받으라

35 내가 주릴 때에 너희가 먹을 것을 주었고 목마를 때에 마시게 하였고 나그네 되었을 때에 영접하였고

36 헐벗었을 때에 옷을 입혔고 병들었을 때에 돌보았고 옥에 갇혔을 때에 와서 보았느니라

37 이에 의인들이 대답하여 이르되 주여 우리가 어느 때에 주께서 주리신 것을 보고 음식을 대접하였으며 목마르신 것을 보고 마시게 하였나이까

38 우리가 언제 나그네 되신 것을 보고 영접하였으며 헐벗으신 것을 보고 옷을 입혀드렸나이까

39 어느 때에 병드신 것이나 옥에 갇히신 것을 보고 가서 뵈었
나이까 하리니

40 임금이 대답하여 이르시되 내가 진실로 너희에게 이르노니
너희가 여기 내 형제 중에 지극히 작은 자 하나에게 한 것이
곧 내게 한 것이니라 너희가 작은 자라 하여 무시하지 아니
하고 그를 섬긴 것이 곧 나를 섬긴 것이니라 하시고

41 또 왼편에 있는 자들에게 이르시되 저주를 받은 자들아 나
를 떠나 마귀와 그 사자들을 위하여 예비 된 영영한 불에 들
어가라

42 내가 주릴 때에 너희가 먹을 것을 주지 아니하였고 목마를
때에 마시게 하지 아니하였고

43 나그네 되었을 때에 영접하지 아니하였고 헐벗었을 때에 옷
입히지 아니하였고 병들었을 때와 옥에 갇혔을 때에 돌보지
아니 하였느니라 하시니

44 그들도 대답하여 이르되 주여 우리가 어느 때에 주께서 주
리신 것이나 목마르신 것이나 나그네 되신 것이나 헐벗으신
것이나 병드신 것이나 옥에 갇히신 것을 보고 공양하지 아
니 하더이까

45 이에 임금이 대답하여 이르시되 내가 진실로 너희에게 이
르노니 이 지극히 작은 자 하나에게 하지 않은 것이 곧 내게
하지 않은 것이니라 하시리니

46 죄인들은 영원한 형벌에 의인들은 영원한 생명에 들어가리

라 하시니라

26장

1 예수께서 이 말씀을 다 마치시고 제자들에게 이르시되

2 너희가 아는 바와 같이 이틀이 지나면 유월절이라 인자가 십자가에 못 박히기 위하여 팔리리라 하시더라. 유월절은 유대인들이 오래 전에 이집트에서 고된 종살이로 극심한 고통 중에 탄식하게 되었을 때에 하나님께서 그 탄식을 들으시고 모세를 보내어 종살이에서 해방시켜 주신 날이더라. 그 해방되던 날의 일은 이러하였으니 하나님께서 모세를 통하여 하신 말씀에 **양을 잡아서 그 피를 문에 바르라 그렇게 하지 않은 집의 첫째 아들을 치리라** 하시더라. 이 말을 믿고 순종하여 양을 잡아서 피를 문에 바른 자는 살고 그 말을 믿지 못하고 아무 것도 하지 않은 자는 그 집의 첫째 아들과 심지어 그 집 가축의 첫 새끼까지도 다 죽게 되었으므로 이집트의 개국 이래 이와 같이 크게 곡 하는 일이 전무후무하였더라. 심지어 이집트 왕의 장자까지도 죽게 되었더라. 그리하여 이집트인들에게 내린 벌이 혹독하므로 유대인들이 쫓겨나듯 이집트를 나오게 되었더라. 이 날이 하나님의 크신 권능의 날이요 해방의 날이 되어 **이 날을 기념하라** 하였으므로 유월절로 부르며 지켜왔더라. 유월(逾越)이라 함은 문에 양의 피를 바른 집은 벌하지 아니하시고 그 집을 넘어서 다음 집으로 가셨으므로 '나를 살리시고 넘어가셨다' 하

여 넘어간 절기 즉, 유월절이라고 부르더라

3 그 때에 대제사장들과 백성의 장로들이 가야바라 하는 대제
사장의 저택에 모여

4 예수를 잡아 죽이려고 흉계를 의논하되

5 말하기를 명절에는 손을 대지 말자 민란이 날까 두렵도다
하더라

6 예수께서 잡히시기 이틀 전에 베다니 나병환자 시몬의 집에
가셨더라. 주께서 전에 죽은 시몬을 살리신 일이 있었더라.
시몬의 가족들은 예수님을 너무나 사랑하여 주를 섬겨 왔던
터에 이 일로 인하여 더욱 주를 사랑하게 되었고 주님도 이
들을 매우 사랑하셨더라. 어느 날 시몬이 병들어 죽어서 장
례를 치른 지 나흘이나 되었을 때 예수님이 오셔서 많은 사
람들이 보는 앞에서 눈물을 흘리며 우셨더라. 무덤 안에서
는 이미 썩은 냄새가 났으나 예수께서 무덤 입구의 돌을 옮
기라 명하신 후에 큰 소리로 시몬을 부르시자 시몬이 살아
서 걸어 나온 일로 인하여 예수께서 더욱 유명해지신 적이
있었는데 이 일로 많은 바리새인들조차 주를 믿게 되니 나
머지 바리새인들이 더욱 예수를 죽이려고 하였더라. 뿐만
아니라 시몬을 보려고 사람들이 자꾸만 찾아가게 되니 다시
살리신 시몬까지도 죽이려 하였더라

7 이 시몬의 집에 이르니 그 누이 마리아가 매우 귀한 향유 한
옥합을 가지고 나아왔더라. 이 향유 한 옥합은 이 여자의 전

재산과도 같은 매우 귀한 것으로 장정이 하루도 쉬지 않고
일 년은 일 해야 살 수 있는 귀한 것이었으나 식사하시는 예
수의 머리에 부으니 향유가 예수의 온 몸을 적시게 되어 집
에 향이 가득하더라

8 제자 중에 가룟 유다가 분을 내어 이르되 무슨 의도로 이것
을 허비하느냐

9 이것을 삼백 데나리온 이상에 팔아 가난한 자들에게 줄 수
있었겠도다 하니
이 유다는 도둑이라. 헌금궤에 누가 헌금을 하면 그것을 훔
쳐서 자기 배를 채웠으므로 저 귀한 향유를 팔아 헌금궤에
넣어두면 훔쳐갈 수 있었을텐데 하는 마음에서 그렇게 말하
였더라

10 예수께서 아시고 그들에게 이르시되 너희가 어찌하여 이 여
자를 괴롭게 하느냐 그가 내게 좋은 일을 하였느니라

11 가난한 자들은 항상 너희와 함께 있거니와 나는 항상 함께
있지 아니하리라

12 이 여자가 내 몸에 향유를 부은 것은 내 장례를 위하여 함이
니라 하시니 이 장례는 예수님이 이틀 뒤에 대제사장과 바
리새인들에게 십자가에 못 박혀 죽게됨을 말씀하심이었더
라. 유대인들은 장례식 때 시신에게 향유를 바르는 관습이
있었더라

13 내가 진실로 너희에게 이르노니 온 천하 어디서든지 이 복

음이 전파되는 곳에서는 이 여자가 행한 일도 말하여 그를 기억하리라 하시니 그러므로 시몬의 누이 마리아가 행한 이 일은 예수가 전해지는 곳마다 전해지게 되었더라

14 그 때에 열둘 중의 하나인 가룟 유다라 하는 자가 바리새인들이 예수를 죽이고자 함을 알고 있었기에 돈에 눈이 어두워 대제사장들에게 가서 말하되

15 내가 예수를 너희에게 넘겨주리니 얼마를 주려느냐 하니 그들이 은 삼십을 달아주거늘 이 은 삼십은 하인 한 사람의 몸값이더라

16 그가 이때부터 예수를 넘겨줄 기회를 찾더라

17 무교절의 첫 날에 제자들이 예수께 나아와서 이르되 유월절 음식 잡수실 것을 우리가 어디서 준비하기를 원하시나이까 하니 이는 유대인들이 유월절 전날에는 무교떡을 먹었는데 이는 무교절이라 하여 지켜왔더라. 이 무교떡은 누룩을 넣지 않은 떡이어서 빵이 부풀지 아니하였으므로 굳고 맛이 없었더라. 이렇게 누룩 넣지 않아서 부풀지 않은 빵을 먹는 것은 이집트를 탈출하는 길이 급하였으므로 행로에 생밀가루를 반죽하여 구워 먹었으므로 그 날을 잊지 말고 교훈으로 삼기 위하여 무교절을 만들어 지키게 되었더라. 이 무교절 첫 날에 제자들이 예수께 나아와서 이르되 유월절 음식 잡수실 것을 우리가 어디서 준비하기를 원하시나이까 하니

18 이에 베드로와 요한을 보내며 이르시되 너희가 성 안으로

가면 물 한 동이를 지고 가는 사람을 만나리니 그가 들어가는 집으로 따라 들어가서 그 집 주인에게 이르되 선생님이 네게 하는 말씀이 내 때가 가까웠으니 내가 내 제자들과 함께 유월절을 먹을 객실이 어디 있느냐고 여쭈어라 그리하면 그가 자리가 마련된 큰 다락방을 보이리니 거기서 우리의 유월절 예배를 준비하라 하시매

19 제자들이 예수께서 시키신 대로 하여 유월절을 준비하였더라

20 저물 때에 예수께서 열두 제자와 함께 앉으셨더니

21 그들이 먹을 때에 이르시되 내가 진실로 너희에게 이르노니 너희 중 한 사람이 나를 팔리라 하시니

22 그들이 몹시 근심하여 각각 차례대로 한 명씩 여짜오되 주여 나는 아니지요

23 대답하여 이르시되 나와 함께 그릇에 손을 넣는 그가 나를 팔리라 하시면서 떡을 가지러 손을 그릇에 넣으니 마침 유다가 그 그릇에 손을 넣게 되었더라

24 인자는 자기에게 대하여 성경에 하나님이 약속하신 대로 너희 죄를 짊어지고 십자가에 매달리거니와 인자를 파는 그 사람에게는 화가 있으리로다 그 사람은 차라리 태어나지 아니하였더라면 제게 좋을 뻔 하였느니라 하시니

25 예수를 파는 유다도 나머지 제자들이 차례대로 나는 아니지요 물으니 이제 자기만 남았는지라. 유다도 물어 이르되 랍

비여 나는 아니지요 하니 주께서 대답하시되 네가 말하였도다 하시니라. 이는 유다에게 끝까지 회개의 기회를 주시고자 하였으되 유다는 깨닫지 못하고 기어코 돈에 눈이 멀어 예수를 팔게 되더라

26 그들이 먹을 때에 예수께서 떡을 가지사 축복하시고 떼어 제자들에게 주시며 이르시되 받아먹으라 이것은 내 몸이니라 하시니 이는 떡을 떼어 열두 덩이로 나누어 먹었으니 제자들은 이제 한 몸이라는 뜻으로 하신 것이라. 주께서 다시 오실 때까지 이 만찬을 행하면서 기념하라 하시더라

27 또 떡을 다 먹은 후에 포도주 잔을 가지사 감사 기도하시고 그들에게 주시며 이르시되 너희가 다 이것을 마시라

28 이것은 죄 사함을 얻게 하려고 많은 사람을 위하여 흘리는 바 나의 피 곧 하나님이 너희에게 말씀으로 약속하신 언약의 피니라

29 그러나 너희에게 이르노니 내가 포도나무에서 난 것을 이제부터 내 아버지의 나라에서 새 것으로 너희와 함께 마시는 날까지 마시지 아니하리라 하시니라. 그러므로 주의 몸과 피를 나누어 먹고 마신 것이 되었으므로 믿는 자들은 한 몸이더라

30 이에 그들이 찬미하고 감람산으로 나가니라

31 그 때에 예수께서 제자들에게 이르시되 오늘 밤에 너희가 다 나를 버리리라 성경에 기록된바 **내가 목자를 치리니 양**

의 떼가 흩어지리라 하였느니라

32 그러나 내가 살아난 후에 너희보다 먼저 갈릴리로 가리라

33 베드로가 대답하여 이르되 모두 주를 버릴지라도 나는 결코
버리지 않겠나이다

34 예수께서 이르시되 내가 진실로 네게 이르노니 오늘 밤 닭
이 두 번 울기 전에 네가 나를 세 번 부인하리라

35 베드로가 힘주어 대답하되 내가 주와 함께 죽을지언정 주를
부인하지 않겠나이다 하니 다른 모든 제자도 그와 같이 말
하더라

36 이에 예수께서 제자들과 함께 겟세마네라 하는 곳에 이르러
제자들에게 이르시되 내가 저기 가서 기도할 동안에 너희는
여기 앉아 있으라 하시고

37 베드로와 세베대의 두 아들을 데리고 가실 새 고통스러워하
며 슬퍼하사

38 이에 말씀하시되 내 마음이 매우 고통스러워 죽게 되었으니
너희는 여기 머물러 나와 함께 깨어 있으라 하시고

39 조금 나아가사 얼굴을 땅에 대시고 엎드려 기도하여 이르시
되 내 아버지여 만일 할 만하시거든 이 잔을 내게서 지나가
게 하옵소서 그러나 나의 원대로 마시옵고 아버지의 원대로
하옵소서 하시니 이 잔은 주께서 십자가에 못 박히심을 두
고 하신 말씀이더라

40 제자들에게 오사 그 자는 것을 보시고 베드로에게 말씀하시

되 너희가 나와 함께 한 시간도 이렇게 깨어 있을 수 없더냐

41 유혹에 들지 않게 깨어 기도하라 마음은 원이로되 육신이 약하도다 하시고

42 다시 두 번째 나아가 기도하여 이르시되 내 아버지여 만일 내가 마시지 않고는 이 잔이 내게서 지나갈 수 없거든 아버지의 원대로 되기를 원하나이다 하시고

43 다시 오사 보신즉 그들이 자니 이는 그들의 눈이 피곤함 일러라

44 또 그들을 두시고 나아가 세 번째 같은 말씀으로 기도하신 후

45 이에 제자들에게 오사 이르시되 이제는 자고 쉬라 하시더니 잠시 후 때가 되매 보라 때가 가까이 왔으니 인자가 죄인의 손에 팔리느니라

46 일어나라 함께 가자 보라 나를 파는 자가 가까이 왔느니라

47 말씀하실 때 열둘 중의 하나인 유다가 왔는데 혼자가 아니라 대제사장들과 백성의 장로들에게서 파송된 큰 무리가 칼과 몽치를 들고 함께 왔더라

48 예수를 파는 자가 그들에게 암호를 짜 이르되 내가 입 맞추는 자가 그이니 그를 잡으라 한지라

49 곧 예수께 나아와 랍비여 안녕하시옵니까 하고 입을 맞추니

50 예수께서 이르시되 친구여 네가 무엇을 하려고 왔는지 행하라 하신데 이에 그 무리들이 나아와 예수께 손을 대어 잡는

지라

51 예수와 함께 있던 제자 중 베드로가 손을 펴 칼을 빼어 대제
사장의 종을 쳐 그 귀를 떨어뜨리니 이 종의 이름은 말고였
더라

52 이에 예수께서 말고의 귀를 붙여주시니 다시 성하여지더라
베드로에게 이르시되 네 칼을 도로 칼집에 꽂으라 칼을 가
지는 자는 다 칼로 망하느니라

53 너는 내가 내 아버지께 구하여 지금 열두 군단 더 되는 천사
를 보내시게 할 수 없는 줄로 아느냐

54 내가 만일 천사를 불러 이들을 물리치면 이런 일이 있으리
라 한 성경이 어떻게 이루어지겠느냐 너희의 구원을 위하여
인자가 형벌을 받으리라 하신 하나님의 약속을 이루기 위하
여 내가 잡혀야 하니라 하시더라

55 그 때에 예수께서 무리에게 말씀하시되 너희가 강도를 잡는
것 같이 칼과 몽치를 가지고 나를 잡으러 나왔느냐 내가 날
마다 성전에 앉아 가르쳤으되 너희가 나를 잡지 아니하였도
다

56 그러나 이렇게 된 것은 선지자들이 **인자가 잡힐 것이라** 예
언한 글을 이루려 함이니라 하시더라. 이에 유다와 함께 온
자들이 예수를 붙잡으매 제자들이 다 예수를 버리고 도망하
니 주께서 말씀하신 대로 되었더라. 어떤 제자는 벗은 몸에
홑이불을 두르고 따라가다가 잡히매 홑이불을 벗어던지고

벗은 몸으로 도망하더라

57 예수를 잡은 자들이 그를 끌고 대제사장 가야바에게로 가니 거기 서기관과 장로들이 모여 있더라

58 베드로가 멀찍이 예수를 따라 대제사장의 집 뜰에까지 가서 그 결말을 보려고 안에 들어가 하인들과 함께 앉아 있더라

59 대제사장들과 온 공회가 예수를 죽이려고 그를 칠 거짓 증거를 찾으매

60 거짓 증인이 많이 왔으나 서로 말이 맞지 아니하더니 후에 두 사람이 와서

61 이르되 이 사람의 말이 내가 하나님의 성전을 헐고 사흘 동안에 지을 수 있다 하더라 하니 성전은 예수의 몸을 말씀하심이더라 죽임 당하고 무덤 속에 들어가신 후에 사흘 만에 다시 살아나리라는 뜻으로 하신 말씀이나 저들은 깨닫지 못하더라

62 대제사장이 일어서서 예수께 묻되 아무 대답도 없느냐 이 사람들이 너를 치는 증거가 어떠하냐 이 성전은 우리 조상들이 사십육 년에 걸쳐 지었거늘 네가 과연 사흘 만에 이 성전을 지을 수 있느냐 하되

63 예수께서 침묵하시거늘 대제사장이 이르되 내가 너로 살아 계신 하나님께 맹세하게 하노니 네가 하나님의 아들 그리스도인지 우리에게 말하라

64 예수께서 이르시되 네가 지금 말한 것이 맞도다 그러나 내

가 너희에게 이르노니 이후에 인자가 권능의 우편에 앉아
있는 것과 하늘 구름을 타고 오는 것을 너희가 보리라 하시
니

65 이에 대제사장이 이 말씀으로 인하여 매우 분이 나서 자기
옷을 찢으며 이르되 그가 신성 모독하는 말을 하였으니 어
찌 더 증인을 요구하리요 보라 너희가 지금 이 신성 모독하
는 말을 들었도다 자신을 하나님의 아들이라 하는도다

66 너희 생각은 어떠하냐 물으니 나머지 사람들이 대답하여 이
르되 그는 사형에 해당하니라 하고

67 이에 예수의 얼굴에 침 뱉으며 주먹으로 치고 눈을 가린 후
에 어떤 사람은 손바닥으로 뺨을 때리며

68 이르되 그리스도야 우리에게 선지자의 능력을 보여봐라 너
를 친 자가 누군지 말해보라 하며 조롱하더라

69 베드로가 바깥뜰에 앉았더니 한 여종이 나아와 이르되 너도
갈릴리 사람 예수와 함께 있었도다 하거늘

70 베드로가 모든 사람 앞에서 부인하여 이르되 나는 네가 무
슨 말을 하는지 알지 못하겠노라 하며

71 앞문까지 피하여 나아가니 다른 여종이 그를 보고 거기 있
는 사람들에게 말하되 이 사람이 나사렛 예수와 함께 있었
도다 하고 알아보는지라

72 베드로가 맹세하고 또 부인하여 이르되 나는 그 사람을 알
지 못하노라 하더라

73 조금 후에 곁에 섰던 사람들이 나아와 베드로에게 이르되 너도 진실로 그 도당이라 네 말소리를 들어보니 예수와 함께 있었던 것이 분명하다 하거늘

74 베드로가 저주까지 해가면서 맹세하며 이르되 나는 그 사람을 알지 못하노라 하니 베드로의 이 말이 끝날 때에 곧 닭이 두 번 울더라

75 이에 예수께서 돌아서서 베드로를 보실 때에 베드로도 주를 보게 되매 예수의 말씀에 닭이 두 번 울기 전에 네가 세 번 나를 부인하리라 하심이 생각나서 밖에 나가서 심히 통곡하니라

27장

1 새벽에 모든 대제사장과 백성의 장로들이 예수를 죽이려고
함께 의논하고

2 결박하여 끌고 가서 총독 빌라도에게 넘겨 주니라

3 그 때에 예수를 판 유다가 예수께서 풀려나지 못하고 정죄
됨을 보고 스스로 뉘우쳐 그 은 삼십을 대제사장들과 장로
들에게 도로 갖다 주며

4 이르되 내가 무죄한 피를 팔아넘긴 죄를 범하였도다 하니
그들이 이르되 그것이 우리에게 무슨 상관이냐 네가 그 피
값을 당하라 하거늘

5 유다가 은을 성소에 던져 넣고 물러가서 스스로 목매어 죽
은지라 그 몸이 떨어져 배가 터지매 창자가 쏟아져 나와 죽
었더라

6 대제사장들이 그 은을 거두며 이르되 이것은 피 값이라 성
전고에 넣어둠이 옳지 않다 하고

7 의논한 후 이것으로 토기장이의 밭을 사서 나그네의 묘지를
삼았으니

8 그러므로 오늘날까지 그 밭을 피밭이라 일컫느니라

9 이에 선지자 예레미야를 통하여 하신 말씀이 이루어졌나니
예레미야가 일렀으되 그들이 그 **가격 매겨진** 예수 곧 하인
한 명 값으로 가격 매긴 은 삼십을

10 토기장이의 밭 값으로 주었으니 이는 주께서 내게 명하신 바와 같으니라 하였더라. 이와 같이 하나님은 성경에 그 가격과 그 밭이 토기장이의 밭이라는 것까지도 정확히 기록하여 두셨더라

11 예수께서 총독 앞에 섰으매 총독이 물어 이르되 네가 유대인의 왕이냐 예수께서 대답하시되 네 말이 맞도다 하시고

12 대제사장들과 장로들에게 고발을 당하되 아무 대답도 아니 하시는지라

13 이에 빌라도가 이르되 그들이 너를 쳐서 얼마나 많은 것으로 증언하는지 듣지 못하느냐 하되

14 살기 위하여 한 마디 변명이나 대답도 아니 하시니 총독이 크게 놀라워하더라

15 명절이 되면 총독이 무리의 소원대로 죄수 한 사람을 놓아 주는 전례가 있더니

16 그 때에 바라바라 하는 유명한 죄수가 있었는데

17 그들이 모였을 때 빌라도가 물어 이르되 너희는 내가 누구를 너희에게 놓아 주기를 원하느냐 바라바냐 그리스도라 하는 예수냐 하니

18 이는 그가 그들의 시기로 예수를 넘겨준 줄 앎이더라. 그러므로 악하기로 유명한 죄수를 내세우면 예수를 살려줄까 기대하였더라

19 총독이 재판석에 앉았을 때에 그의 아내가 사람을 보내어

이르되 저 옳은 사람에게 아무 상관도 하지 마옵소서 오늘 꿈에 내가 그 사람으로 인하여 애를 많이 태웠나이다 하더라. 또한 예수께서 내가 하나님의 아들이라 하신 이 말씀으로 빌라도가 더욱 예수를 두려워하니라

20 대제사장들과 장로들이 무리를 충동질하여 무리에게 권하여 바라바를 달라 하고 예수를 죽이자 하게 하여 말을 맞춰 놓았더니

21 총독이 대답하여 이르되 둘 중에 누구를 너희에게 놓아주기를 원하느냐 이르되 바라바로소이다

22 빌라도가 이르되 그러면 그리스도라 하는 예수를 내가 어떻게 하랴 내가 심문하였으되 죽일 일을 찾지 못하였노라 그러니 채찍질만 하고 놓아주겠노라 하니 그들이 다 이르되 십자가에 못 박혀야 하겠나이다

23 빌라도가 이르되 어찜이냐 무슨 악한 일을 하였느냐 물으니 그들이 이제는 대답도 하지 않고 다만 더욱 소리만 질러 재촉하기를 십자가에 못 박혀야 하겠나이다 하는지라

24 빌라도가 아무 성과도 없이 도리어 민란이 나려는 것을 보고 물을 가져와 무리 앞에서 손을 씻으며 이르되 이 사람의 피에 대하여 나는 무죄하니 너희가 당하라

25 백성이 다 대답하여 이르되 그 피를 우리와 우리 자손에게 돌릴 지어다 하거늘

26 이에 바라바는 저희에게 놓아 주고 예수는 채찍질하고 십자

가에 못 박히게 넘겨 주니라

27 이에 총독의 군병들이 예수를 데리고 관정 안으로 끌고 들어가서 온 군대를 그에게로 모으고

28 그의 옷을 벗기고 홍포를 입히며

29 예수가 자신을 일컬어 하나님의 아들 그리스도라 하였으므로 왕관 대신 가시관을 엮어 그 머리에 씌우고 왕의 지팡이 대신 갈대를 그 오른손에 들리고 그 앞에서 무릎을 꿇고 희롱하여 이르되 유대인의 왕이여 평안할 지어다 하며

30 그에게 침 뱉고 갈대를 빼앗아 그의 머리를 친 후에 채찍질을 많이 하게 되니 걷지도 못하게 되었더라

31 희롱을 다한 후 홍포를 벗기고 도로 그의 옷을 입혀 십자가에 못 박으려고 끌고 나가니라

32 십자가를 짊어지고 나가실 새 잘 걷지를 못하매 알렉산더와 루포의 아버지 시몬이라는 구레네 사람이 유월절에 예루살렘에 왔다가 마침 만나매 로마 병사들이 그에게 예수의 십자가를 억지로 지워 가게 하였더라

33 해골의 곳이라 뜻하는 골고다 언덕에 이르렀는데 이곳이 사형장이었더라

34 쓸개 탄 포도주를 예수께 주어 마시게 하려고 하였더니 예수께서 맛보시고 마시지 아니하니 이 쓸개 탄 포도주는 마취제로써 십자가에 못 박아 매달기 전에 이것을 마시게 하였더라. 그러나 예수는 마시지 아니하시고 온 몸으로 고통

을 받으시더라

35 그들이 예수를 십자가 위에 눕혀 놓고 팔을 펴서 십자가에 손과 발을 못 박은 후에 다시 십자가를 일으켜 세워 매달려 있게 하였더라. 그리고 병사들은 예수의 옷을 벗긴 후 이 옷을 누가 얻게 되는지 제비를 뽑으며

36 거기 앉아 지키더라

37 예수께서 매달리신 십자가 위에 죄패가 붙었는데 빌라도가 유대민족의 언어인 히브리어와 로마어와 헬라어 세 나라의 말로 나사렛 예수 유대인의 왕이라 적었으니 이 곳 골고다는 예루살렘에서 가까운 고로 많은 유대인들이 이 패를 읽더라. 이에 대제사장들이 빌라도에게 이르되 유대인의 왕이라 쓰지 말고 자칭 유대인의 왕이라 쓰라 하니 빌라도가 이르되 내가 들은 대로 정확하게 내가 쓸 것을 썼다 하며 그들의 요구를 거절하였더라

38 이때 예수와 함께 강도 둘이 십자가에 못 박히니 하나는 우편에 하나는 좌편에 있더라

39 지나가는 자들은 자기 머리를 흔들며 예수를 모욕하여

40 이르되 성전을 헐고 사흘에 짓는 자여 네가 만일 하나님의 아들이어든 자기를 구원하고 십자가에서 내려오라 하며

41 그와 같이 대제사장들과 서기관들과 장로들과 함께 희롱하여 이르되

42 그가 남은 구원하였으되 자기는 구원할 수 없도다 그가 이

스라엘의 왕이로다 지금 십자가에서 내려올지어다 그리하면 우리가 믿겠노라

43 그가 하나님을 신뢰하니 하나님이 원하시면 이제 그를 구원하실 지라 그의 말이 나는 하나님의 아들이라 하였도다 하며

44 함께 십자가에 못 박힌 한 강도도 이와 같이 욕하여 이르기를 네가 그리스도가 아니냐 너와 우리를 구원하라 하니 다른 편에 못 박힌 강도가 그 사람을 꾸짖어 이르되 네가 사형선고를 받고도 하나님을 두려워하지 아니하느냐 우리는 우리가 행한 일로 사형을 받지만 이 사람이 행한 것은 옳지 않은 것이 없느니라 하고 이르되 예수여 당신의 나라가 임하실 때에 나를 기억하소서 하니 예수께서 이르시되 내가 진실로 네게 이르노니 오늘 네가 나와 함께 낙원에 있으리라 하시니라

45 제 육시로부터 온 땅에 어둠이 임하여 제 구시까지 계속되어 모두 두려워하더니

46 제 구시쯤에 예수께서 크게 소리 질러 이르시되 엘리 엘리 라마 사박다니 하시니 이는 곧 나의 하나님 나의 하나님 어찌하여 나를 버리셨나이까 하는 뜻이라

47 거기 섰던 자 중 어떤 이들이 듣고 이르되 이 사람이 엘리야를 부른다 하고

48 그 중 한 사람이 곧 달려가서 해면을 가져다가 신 포도주에

적시어 갈대에 꿰어 예수의 입에 대어 마시게 하거늘

49 그 남은 사람들이 이르되 가만 두어라 엘리야가 와서 그를 구원하나 보자 하더라

50 예수께서 다시 마지막으로 크게 소리 지르시고 영혼이 떠나시니라

51 이와 동시에 성소 휘장이 위에서부터 아래까지 찢어져 둘이 되어 갈라져 지성소 안이 다 보이게 되었으니 이는 하나님께서 하신 것이라. 이제 예수의 몸이 찢어져 목숨을 버렸으니 누구든지 하나님의 아들 예수를 통하여 하나님에게 직접 올 수 있다는 뜻으로서 하나님이 계신 지성소를 누구든지 볼 수 있도록 휘장을 찢으셨더라. 또한 지진으로 땅이 진동하며 바위가 터지고

52 무덤들이 열리며 자던 성도의 몸이 많이 일어나되

53 예수의 부활 후에 그들이 무덤에서 나와서 거룩한 성에 들어가 많은 사람에게 보이니라

54 백부장과 및 함께 예수를 지키던 자들이 지진과 그 일어난 일들을 보고 심히 두려워하여 이르되 "이는 진실로 하나님의 아들이었도다" 하더라

55 예수를 섬기며 갈릴리에서부터 따라온 많은 여자가 거기 있어 멀리서 바라보고 있으니

56 그 중에는 막달라 마리아와 또 야고보와 요셉의 어머니 마리아와 또 세베대의 아들들의 어머니도 있더라

57 저물었을 때에 아리마대의 요셉이라 하는 사람이 왔으니 이는 부자라 그도 예수가 살았을 때에 예수를 믿었던 자라

58 빌라도에게 용감히 찾아가서 예수의 시체를 달라 하니 이에 빌라도가 시체를 내주라 명령하거늘 병사들이 가서 보니 이미 죽었는지라 창으로 옆구리를 찌르니 물과 피가 쏟아지더라

59 요셉이 시체를 가져다가 깨끗한 세마포로 싸서

60 바위 속에 판 자기 새 무덤에 넣어 두고 큰 돌을 굴려 무덤 문에 놓고 가니 성경에 이르기를 주께서 부자의 무덤에 들어가게 되리라 하신 그대로 되었더라

61 거기 막달라 마리아와 다른 마리아가 무덤을 향하여 앉았더라

62 그 이튿날은 유월절이라 대제사장들과 바리새인들이 함께 빌라도에게 모여 이르되

63 총독이여 저 속이던 자가 살아 있을 때에 말하기를 내가 사흘 후에 다시 살아나리라 한 것을 우리가 기억하나이다

64 그러므로 명령하여 그 무덤을 사흘까지 굳게 지키게 하소서 그의 제자들이 와서 시체를 도둑질하여 간 후 백성에게 말하되 그가 죽은 자 가운데서 살아났다 하면 후의 속임이 전보다 더 클까 하나이다 하니

65 빌라도가 이르되 너희에게 경비병이 있으니 가서 힘대로 굳게 지키라 하거늘

66 그들이 경비병과 함께 가서 무덤 입구를 막는 돌에 황제의
   인을 찍어 봉하고 무덤을 굳게 지키니라

28장

1 유월절이 다 지나고 안식 후 일주일의 첫 날이 되는 일요일 새벽에 막달라 마리아와 다른 마리아가 못다 한 장례식의 마무리를 위하여 무덤을 찾아가면서 이르기를 누가 우리를 위하여 큰 돌을 굴려주리요 하니 이렇게 말함은 유대인들은 돌을 파서 굴을 만들어 무덤으로 하였고 입구에는 큰 돌을 굴려 막아 놓았으매 누가 우리를 위하여 큰 돌을 굴려주리요 한 것이더라

2 이 때 큰 지진이 나며 주의 천사가 하늘로부터 내려와 돌을 굴려내고 그 위에 앉았는데

3 그 형상이 번개 같고 그 옷은 눈 같이 희거늘

4 지키던 경비병들이 그 천사들을 보고 무서워하여 떨다가 기절하여 쓰러지니 죽은 사람과 같이 되었더라

5 천사가 여자들에게 말하여 이르되 너희는 무서워하지 말라 십자가에 못 박히신 예수를 너희가 찾는 줄을 내가 아노라

6 그가 여기 계시지 않고 그가 말씀하시던 대로 살아나셨느니라 와서 그가 누우셨던 곳을 보라

7 또 빨리 가서 그의 제자들에게 이르되 그가 죽은 자 가운데서 살아나셨고 너희보다 먼저 갈릴리로 가시나니 거기서 너희가 뵈오리라 하라 보라 내가 너희에게 일렀느니라 하거늘

8 그 여자들이 무서움과 큰 기쁨으로 빨리 무덤을 떠나 제자

들에게로 달려갈 때

9 그 가는 길에 예수께서 그들을 만나 이르시되 평안하냐 하
시거늘 여자들이 나아가 그 발을 붙잡고 경배하며 무서워하
니

10 이에 예수께서 이르시되 무서워하지 말라 가서 내 형제들에
게 갈릴리로 가라 하라 거기서 나를 보리라 하시니라

11 여자들이 갈 때 경비병 중 몇이 성에 들어가 모든 일어난 일
을 대제사장들에게 알리니

12 그들이 장로들과 함께 모여 의논하고 군인들에게 돈을 많이
주며

13 이르되 너희는 말하기를 그의 제자들이 밤에 와서 우리가
잘 때에 그를 도적질하여 갔다 하라

14 만일 이 말이 총독에게 들리면 우리가 권하여 너희로 근심
하지 않게 하리라 하니

15 군인들이 돈을 받고 가르친 대로 하였으니 이 말이 오늘날
까지 유대인 가운데 두루 퍼지니라

16 열한 제자가 갈릴리에 가서 예수께서 지시하신 산에 이르러

17 예수를 뵈옵고 경배하나 아직도 의심하는 사람들도 있더라
의심하는 제자는 도마라는 제자였는데 제자들은 주께서 십
자가에 못 박히신 이후에 유대인들이 두려워 문을 걸어 잠
그고 숨어 있는데 주께서 가운데 오사 서시며 평안하라 인
사하실 때 다시 살아난 주를 뵈옵고 모두 기뻐할 때에 그 자

리에 도마가 없었으므로 도마는 주를 뵙지 못하였더라. 다른 제자들이 도마에게 우리가 살아나신 주를 보았다 하여도 믿지 못하며 이르기를 내가 그 손에 못 자국을 만져보며 그 옆구리의 창 자국에 손을 넣어보기 전에는 믿지 못하겠노라 하더니 예수께서 도마도 있을 때에 다시 한 번 오셔서 도마에게 이르시되 네 손을 이리 내밀어 못 자국을 만져보며 내 옆구리에 손을 넣어 보고 믿으라 하시니 도마가 대답하여 이르되 나의 주님이시요 나의 하나님이시니이다 하니 예수께서 이르시되 너는 나를 본 고로 믿느냐 보지 못하고 믿는 자가 복되도다 하시니라

18 이후에 예수께서 말씀하여 이르시되 하늘과 땅의 모든 권세를 내게 주셨으니

19 그러므로 너희는 가서 모든 사람들에게 하나님의 아들을 영접하도록 하여 영생을 얻는 자가 있거든 그들에게 아버지와 아들과 성령의 이름으로 침례를 베풀고

20 내가 너희에게 분부한 모든 것을 가르친 후 배운 것들을 지키게 하라 볼지어다 내가 세상 끝 날까지 너희와 항상 함께 있으리라 말씀을 마치시고

제자들 보는 앞에서 하늘로 올라가시니 구름에 가려져 보이지 않게 되더라. 제자들이 자세히 구름을 쳐다보고 있을 때에 흰 옷 입은 두 사람이 제자들 곁에 서서 이르되 갈릴리 사람들아 어찌하여 서서 하늘을 쳐다보느냐 너희 가운데서

하늘로 올라가신 이 예수는 하늘로 가심을 본 그대로 다시
오시리라 하시더라

이 책을 다 읽으신 당신에게

예수님께서 물어보십니다.

"너는 나를 누구라 하느냐"

이제 당신은 이 질문에 무어라고 답하실건가요?

예수님은 당신에게 있어 누구신가요?